18,00

se a europa despertar

Peter Sloterdijk

se a europa despertar

reflexões sobre o programa de uma potência mundial ao final da era de sua letargia política

tradução de
José Oscar de Almeida Marques
departamento de filosofia – unicamp

Estação Liberdade

Título original: *Falls Europa erwacht. Gedanken zum Programm einer Weltmacht am Ende des Zeitalters ihrer politischen Absence*
© Suhrkamp Verlag Frankfurt am Main, 1994
© Editora Estação Liberdade, 2002, para esta tradução

Tradução complementar	Flávio Quintiliano
Preparação de texto	Marcelo Rondinelli
Revisão	Valéria Jacintho
Projeto gráfico	Antonio Kehl e Edilberto Fernando Verza
Composição	Pedro Barros / Estação Liberdade
Capa	Antonio Kehl
Ilustração da capa	Vassily Kandinsky, *Composição*. Lâmina, 27 x 20 cm, 1944. Centro Pompidou, Paris. © Photo CNAC/MNAM/Dist RMN. Foto Adam Rzepka
Editor	Angel Bojadsen

Dados Internacionais de Catalogação na Publicação (CIP)
(Câmara Brasileira do Livro, SP, Brasil)

Sloterdijk, Peter, 1947-
   Se a Europa despertar : reflexões sobre o programa de uma potência mundial ao final da era de sua letargia política / Peter Sloterdijk ; tradução de José Oscar de Almeida Marques. — São Paulo : Estação Liberdade, 2002.

   Título original: Falls Europa erwacht. Gedanken zum Programm einer Weltmacht am Ende des Zeitalters ihrer politischen Absence.
ISBN 85-7448-025-8

   1. Europa – Política e governo – 1945 – I. Título. II. Título: Reflexões sobre o programa de uma potência mundial ao final da era de sua letargia política.

00-2042   CDD-320.94

Índice para catálogo sistemático:
1. Europa : História política   320.94

Todos os direitos desta edição reservados à
Editora Estação Liberdade Ltda.
Rua Dona Elisa, 116 – 01155-030 – São Paulo-SP
Tels.: (11) 3661 2881   Fax: (11) 3825 4239
editora@estacaoliberdade.com.br
http://www.estacaoliberdade.com.br

Sumário

SE A EUROPA DESPERTAR

1 "Império do Centro"   9

2 Absurdo, frivolidade, letargia: aspectos do vácuo europeu de 1945 a 1989   15

3 Conjunto de máximos: a fórmula da intensidade neo-européia   31

4 *Translatio Imperii*: a transferência de poder como mitomotricidade européia   41

5 Do Império à União: a atual transferência imperial   55

6 Continuando a pensar um continente: sobre o problema da política de visões   65

Posfácio   81

ENTREVISTA

Entrevista inédita de Peter Sloterdijk sobre o 11 de setembro de 2001   83

"Vemos agora que o abismo da História é grande o suficiente para todo mundo."

Paul Valéry, *La crise de l'esprit*

1

"Império do Centro"

Numerosos intérpretes da situação européia após a Segunda Guerra Mundial diagnosticaram que a Europa perdeu, após 1945, sua posição tradicional no centro do mundo. De Colombo a Hitler, os europeus compartilhavam uma bem-fundada convicção de que aquele sinuoso promontório da massa continental euro-asiática que se estende de Lisboa a Budapeste, Praga e Varsóvia, e de Palermo a Estocolmo e Dublim, representava o foco geopolítico e ideopolítico do globo terrestre. Aliás, até 1945, a própria expressão "mundo" trazia em geral, tanto no sentido filosófico como no diplomático, uma coloração nitidamente européia. "Pessoas do mundo" eram até há pouco pura e simplesmente as elites da Europa. A cartografia européia representou bem o empenho característico da modernidade em fazer do globo terrestre – com sua recém-descoberta configuração real de continentes e oceanos – um todo sem mistérios, capaz de ser perscrutado por políticos, comerciantes e burgueses cultivados nos baluartes do Ocidente. Pode-se afirmar que os fabricantes europeus de globos fizeram, ao longo de séculos, uma contribuição decisiva para a representabilidade concreta da Terra habitada em seu conjunto; eles preencheram a necessidade de uma visão panorâmica quase divina, que nos últimos tempos se transferiu aos satélites de observação.[1] Eliminar os espaços em branco nos mapas dos continentes distantes revelou-se sem dúvida uma genuína paixão européia. Foi o amálgama europeu de ciência e colonialismo que fez surgir pela primeira vez a imagem política e geográfica da Terra – como se fosse a função natural do mundo em seu todo dar-se a conhecer aos interesses europeus e submeter-se a suas disposições. Quando ainda hoje o papa distribui sua bênção pascal *urbi et orbi*, ele articula de forma tão clássica quanto ingênua a visão de mundo da perspectiva do domínio romano, vale dizer, europeu: o mundo nada mais é que o horizonte natural das mais ousadas ambições européias. Ainda não haviam decorrido três semanas do retorno de Colombo de sua primeira viagem e já o papa Alexandre VI, na bula *Inter cetera*, de 4 de maio de 1493, adjudicava aos

---

1. Cf. Oswald Muris e Gert Saarmann, *Der Globus im Wandel der Zeiten. Eine Geschichte der Globen*, Berlim/Beutelsbach bei Stuttgart, 1961; Alois Fauser, *Die Welt in Händen. Kurze Kulturgeschichte des Globus*, Stuttgart, 1967.

espanhóis e portugueses o direito de domínio sobre os mundos recém-descobertos no Ocidente. Passado um ano da volta do descobridor, as duas nações ibéricas dividiam entre si, pelo Tratado de Tordesilhas, o novo bolo mundial, ação que também contou – pelo menos posteriormente – com a indispensável bênção papal. À época de Carlos V, as fragatas espanholas singravam os mares do mundo sob a divisa imperial *Plus ultra*, o termo europeu mais marcante da era moderna. Desde então, é europeu quem participa de algum modo desse "sempre-adiante". Essa é a principal fórmula motriz da era moderna e, ao mesmo tempo, o lema da convicção arquiimperialista de que o descobridor deve tornar-se senhor daquilo que descobre. Nada é tão europeu quanto a crença de que o descobridor pode reivindicar o mesmo direito do inventor ou criador. E, assim, a própria curiosidade se converte em poder mundial; os europeus aprendem a acreditar que progride mais quem enxerga mais longe e anda mais. Por quase quinhentos anos o mundo foi, poder-se-ia dizer, um experimento dos curiosos europeus, e não é à toa que as ciências experimentais européias conseguiram cair nas graças de todos os novos senhores do globo.

De 1494 a 1945, aquilo que desde então passou a ser chamado Velho Mundo beneficiou-se de todas as conseqüências de sua privilegiada visão panorâmica. Essa foi a região do mundo à qual coube, pela ordem das coisas, mais ver que ser vista, e mais dominar que sofrer dominação. Pois foi sem dúvida a óptica panorâmica européia que contemplou pela primeira vez não apenas a verdadeira imagem de uma esfera única sobre a qual se distribuem os continentes e oceanos, mas também o verdadeiro conceito de um gênero humano único, em que os europeus aprenderam gradualmente a se reconhecer como um grupo e raça privilegiados. A primazia de suas descobertas lançou os europeus no centro da aventura da moderna antropologia política. Foram seus olhos que primeiro contemplaram essa totalidade da espécie humana que desde então se confirma novamente a cada circunvolução do planeta; uma totalidade que, diferentemente do que ocorria no mundo habitado pelos romanos, não pode ser pensada como uma obscura continuidade biológica entre cidadãos do Império e bárbaros. Para além da oposição entre selvagens e civilizados, a essência humana devia, ao contrário, ser entendida agora como unidade da espécie na multiplicidade das culturas. Os europeus foram os primeiros a conceber a profunda idéia de que em todas as civilizações o que varia são aspectos e dialetos de uma única natureza genérica: culturas e povos são criações poéticas de uma força de imaginação que se estende a toda a espécie e é radicalmente multifacetada. Não é por acaso que *Weltliteratur*, "literatura universal", é um dos termos-chave da crítica de arte na Europa nos séculos XIX e XX.²

Cabe assim à Europa não apenas a responsabilidade pela calamidade colonialista, mas também o mérito de ter tido pela primeira vez o lampejo – ainda que enevoado – do moderno conceito da espécie; conceito esse que se expressou exemplarmente na Declaração dos Direitos Humanos. Tudo isso é apenas uma maneira de dizer que a Europa, em sua fase decisiva na história mundial, era um Império do Centro – não, porém, como a China tradicional, um centro estático e defensivo, mas antes o quartel-general de um movimento de apropriação que transformava em fontes de matérias-primas e zonas de influência tudo aquilo em que punha as mãos. A grande implicação da viagem de Colombo foi que a Terra e o gênero humano se tornaram alvos das imagens e dos conceitos formulados pelos europeus, cujas conseqüências se poderia resumir primordialmente na frase "Ai dos descobertos". Não seria correto silenciar sobre o fato de que a visão privilegiada de mundo dos europeus trouxe consigo, ao lado dos benefícios advindos da posição imperial, também os deveres

---

2. Quanto ao contexto da expressão, cf. Horst Günther, "'Weltliteratur', bei der Lektüre des 'Globe' konzipiert", in: do mesmo autor, *Versuche, europäisch zu denken, Deutschland und Frankreich*, Frankfurt sobre o Meno, 1990, p. 104-125.

ligados a essa posição. Coube à Europa a prerrogativa de contemplar pela primeira vez a imagem do mundo em seus globos e mapas, mas, em compensação, alguns dos grandes condutores da política mundial européia aperceberam-se do que significava a fórmula do "peso do mundo". Essa expressão – *onus orbis* – foi desde o início muito mais que um floreio retórico de auto-elevação da Casa da Áustria em suas arrogantes expansões nas Américas e no Pacífico; nela sedimenta-se o agravamento de toda política em um mundo pós-colombiano. A maioria dos estadistas europeus, de Filipe II a Churchill, compreenderia o significado da imagem alegórica do século XVII que retrata o imperador Carlos V como Atlas: sobre os ombros do imperador repousa um globo cingido por uma guirlanda com o dístico *O quam grave onus*.[3]

---

3. Segundo W. J. v. Wallrabes, *Neue historische Beschreibung des Lebens Karls V*, 1683, citado por Alexander Randa, *Das Weltreich. Wagnis und Auftrag Europas im sechzehnten und siebzehnten Jahrhundert*, Olten e Freiburg im Breisgau, 1962, p. 33.

2

Absurdo, frivolidade, letargia:
aspectos do vácuo europeu de 1945 a 1989

> ... as mesmas pessoas simpáticas, a mesma absoluta falta de importância.
>
> George Bernard Shaw
> *On Heartbreak House*, 1920

Se o ano de 1945 tem para a memória européia um significado marcante e traumático, é antes de tudo porque o fim da Segunda Guerra Mundial coincidiu com uma arrasadora lição de geopolítica internacional. É possível que essa lição já estivesse sendo preparada desde o final do século XIX – mas foi naquele ano fatídico que ela foi ministrada. O que a Europa viria a ser, em si e para si, no meio século seguinte apareceu simbolicamente antecipado na corrida travada entre o exército russo e o dos americanos e de seus aliados ocidentais em direção a Berlim no início de 1945. Esse movimento em forma de tenaz das forças armadas soviéticas e americanas sobre o solo alemão desdobrou-se, para a geração que presenciou a libertação da Europa e a derrubada dos regimes fascistas centro-europeus, em uma cena de evidência hipnótica, que ultrapassava em muito as fronteiras alemãs diretamente afetadas. A Europa fora libertada pelos Aliados – a Europa fora apanhada em uma tenaz pelas novas potências mundiais a leste e a oeste. Nessa dupla experiência, os europeus de 1945 viveram sua cena primordial, cuja torturante e abafada elaboração estendeu-se por duas gerações políticas do pós-guerra. A violência dessa cena foi tão grande que conseguiu deslocar e sobrepujar por meio século elementos muito mais antigos, formadores da autoconsciência européia. De fato, muitos anos depois do fim da guerra, a Europa ainda vive como em estado de choque – tendo de buscar sua salvação em rotinas e abstrações. Reconstrução é a palavra de ordem. Só poucos intelectuais estiveram em condições de entender por que o Centro do Mundo de outrora teve de tornar-se uma zona intermediária estrangulada, por que o antigo sujeito soberano precisou converter-se no objeto semi-responsável dos planos de Moscou e Washington.

Mesmo hoje não é grande o número dos que são capazes de prestar contas, com seriedade conceitualmente fundamentada, do resultado dramatúrgico da era do conflito mundial: a Europa, outrora coração da idéia das Cruzadas, tornou-se, no século XX, ela própria objeto de uma cruzada. As intervenções americanas de 1917-1918 e 1941-1945 nas guerras dos europeus não foram senão cruzadas secularizadas dirigidas para o Velho Mundo; nele estavam, à espera da libertação, um Santo Sepulcro dos direitos humanos (Paris) e outros monumentos sagrados aos quais se apegava a devoção dos americanos. Foi só com os eventos de 1945 que a Europa se tornou, efetivamente e para si mesma, aquilo que antes, do ponto de vista geográfico, após a descoberta do novo Ocidente por Colombo, ela parecia ter se tornado pelo menos no nome: o Velho Mundo. Com essa inversão de perspectivas, o antigo centro de expansão, o velho manancial de missões e exportações, agora transformado ele próprio em objeto de uma cruzada, sofreu um dano monumental e talvez irreparável em seu narcisismo geopolítico tão típico da era moderna. Também Stálin lançou sobre o Centro e o Leste da Europa o olhar de um cruzado atemorizador. Ialta deu o nome a uma era na qual a Europa deixou de ser organizadora e passou a ser pauta das conversações políticas internacionais entre as novas grandes potências. Dentre os europeus, os de maior sensibilidade moral curvaram-se espontaneamente às novas condições, como delinqüentes com sentimento de culpa. A reviravolta de 1945 foi recebida, sobretudo pelos políticos e intelectuais alemães, como uma justa condenação. Não estava, afinal, o fluxo da História fazendo um acerto de contas fundamentalmente correto pela *débâcle* moral da Primeira Guerra Mundial e pela catástrofe antropológica da Segunda? Seja como for, a Europa havia perdido, diante de todas as nações, seu extraordinário privilégio: a pretensão à cruzada civilizatória. Os Estados Unidos estavam prontos a assumir o privilégio perdido por seus predecessores; também os políticos soviéticos, na medida em que ainda não estavam precocemente subjugados pelo cinismo, pressionavam os atordoados europeus orientais com as mais ameaçadoras propostas de salvação. Foi preciso esperar até 1989 para que as conseqüências dos colapsos do Leste levassem os europeus a abandonar a imagem em forma de tenaz, tão patológica quanto realista, que faziam do mundo da guerra fria, e a prestar contas, de forma nova e fundamentada, de si mesmos e de seu modo de agir no mundo. Desde então, discursos sobre um "retorno da Europa" têm sido entusiasticamente recebidos, sobretudo na Alemanha, mas também na França, Áustria e no Leste Europeu.[1]

---

1. Cf. Hagen Schulze, *Die Wiederkehrs Europa*, Berlim, 1990. Também é sintomático que o livro de Walter Laqueur, *Europe in our Time*, Nova Iorque, 1992, tenha sido publicado pela Kindler Verlag no mesmo ano, com o provocativo título *Europa auf dem Weg zur Weltmacht – 1945-1992* [*A Europa a caminho de tornar-se potência mundial*]. Como protótipos do discurso francês sobre a Europa devem mencionar-se: Edgar Morin, *Europa denken*,

Para melhor entender a modalidade desse
"retorno" é útil esboçar em linhas gerais as características culturais e psicopolíticas dessa letargia da
Europa. O período de 1945 a 1989 aparece hoje aos
nossos olhos como uma unidade psico-histórica
relativamente coerente, cuja conexão, conforme a
compreendemos de modo hesitante, é dada pelo
início e o término do choque do descentramento
europeu. Atingimos – ainda incrédulos e marcados
pelo onipresente clima de irrealidade desses cinqüenta
anos – o fim de nossa internação clínica. Pode-se
mesmo duvidar que pessoas cuja convalescença foi
tão prolongada possam de algum modo receber alta e
retornar à realidade. A lição traumática que a Europa
sofreu em 1945 consistiu sem dúvida na humilhação imposta por seus libertadores. Desde então a
política européia teve de constituir-se à maneira
de um tratamento para pacientes hipertensos que

Frankfurt, 1991 [Ed. francesa: *Penser l'Europe*. Paris, 1990]; e
Jacques Attali, *Europe(s)*, Paris, 1994. Que para os europeus do
Leste a fórmula "retorno da Europa" tenha sobretudo o sentido
de "retorno à Europa" mostra-se nas muitas manifestações de
autores russos, poloneses, checos, húngaros e austríacos após
1989; cf. Vitaly Shurkin, *Großbaustelle Europa*, Bad König, 1990,
György Konrad, *Die Melancholie der Wiedergeburt*, Frankfurt,
1992, p. 151 e ss., e Paul Konrad Liessmann, *Der Aufgang des
Abendlandes*, Viena, 1994.

jamais se dispunham a aceitar o fato de que precisavam de ajuda alheia. Quem vive em estado de choque parece ter perdido o fio condutor de sua existência e, na tentativa de recuperar a normalidade, dá a impressão de não fazer o que quer, mas alguma outra coisa. As vítimas do choque de 1945 não foram exceção a essa regra, e o velho continente reconstruiu-se com um sistema de ações compensatórias. Para seus habitantes, principiou uma era de ideologias vazias, que tinham em seu conjunto a tarefa de interpretar e justificar o deslocamento da posição européia do mundo político, agora fora do centro. Desse ponto de vista, as doutrinas direitistas de um retorno salutar às fontes da democracia cristã no velho humanismo ocidental e as teorias esquerdistas do engajamento absurdo de seres livres em "situações" casuais relacionam-se de forma muito mais estreita do que supunham na época seus representantes. Tais correntes universalizantes e niilizantes alinham-se por sua vez com os novos pragmatismos, que deveriam finalmente conduzir a Europa à rota de uma economia de mercado de tipo anglo-americano, isenta de ideologias.

  Pouco depois do fim da Segunda Guerra Mundial, divulgou-se no hemisfério ocidental a tese de que o homem é um ser "condenado à liberdade". Com essa formulação paradoxal, o autor do teorema,

Jean-Paul Sartre, criou a divisa do existencialismo. *Condamné à la liberté*: nenhuma outra frase expressa tão claramente, de uma inconfundível perspectiva neo-européia, o sofrimento primordial diante da nova amplidão e vacuidade do mundo. Chegou assim o momento de glória do termo heideggeriano *Geworfenheit* – o "estar-lançado". Com efeito, uma liberdade européia obtida graças a uma tal *libération* prende-se aos sobreviventes como um diagnóstico patológico. E os franceses deviam saber melhor que os outros o que significa a outorga de uma liberdade que não se conquistou pelos próprios esforços. Onerados pela libertação: a fórmula de Sartre deu um sentido preciso não à sua época, mas à mágoa de sua época. Os primeiros momentos do pós-guerra encontraram sua tônica no sentimento da falta de um chão firme sob os pés, na insondabilidade existencial que desde então se costumou chamar de "absurdo". Absurda é uma existência que se vê atirada em um mundo gigantesco e repugnante sem nenhuma missão inspiradora, nenhuma tarefa objetiva. Existir significa agora estar despojado da essência e trazer no corpo, como propriedade primordial, a carência do ser. Por isso os homens parecem agora parasitas do ser, condenados a sentir inveja e ansiar pela sua substancialidade.

Os que foram salvos apercebiam-se da casualidade de sua sobrevivência em todos os gestos; o mundo dado parecia mais do que nunca cercado de espaços apagados e vazios, como o resto, por assim dizer, de uma monstruosa subtração. A súbita perda de quarenta milhões de seres humanos produzira uma vibração na atmosfera, uma emissão mística que consumia os vivos com a voracidade de uma culpa ilimitada. Uma vala parecia separar para sempre os indivíduos de suas tarefas ordinárias, e somente por um salto absurdo as pessoas – que, apesar de tudo, queriam voltar a ser úteis – podiam alcançar a terra firme do trabalho em um projeto concreto. Engajar-se passou a significar, desde então, buscar a salvação atirando-se a uma tarefa.[2] O filósofo Günther Anders, em seu estudo *Mensch ohne Welt* [*Homens sem mundo*], caracterizou de forma muito pertinente a perda do mundo e da realidade por parte desses novos sem-chão e sem-trabalho.[3] Passaram-se no mínimo duas décadas antes que se desfizesse a absurda camada de nuvens sobre o Velho Mundo – ainda que apenas para dar lugar às novas frentes de depressão atmosférica que chegavam através do Atlântico. Os anos finais da década de 1950 pertenceram mais e mais às mentalidades

---

2. Seria uma inspiradora tarefa da semântica intercultural explicitar a diferença entre os "*engagements*" neo-europeus e os "*commitments*" norte-americanos.
3. Cf. Günther Anders, *Mensch ohne Welt. Schriften zur Kunst und Literatur*, 2ª ed., Munique, 1993.

construtivas, nas quais uma abstrata devoção ao Ocidente contribuiu para o restabelecimento europeu tanto quanto neoclassicismos de toda espécie.

Os anos 1960 viram surgir à luz uma nova saciedade, que criou o pano de fundo para novos riscos e novas certezas: os da democracia e os do desenvolvimento industrial desenfreado. E nem a democracia nem o otimismo desenvolvimentista puderam deixar de se irritar com o neo-utopismo e o moralismo impaciente dos jovens universitários ocidentais, que condenavam os acordos obscenos dos mais velhos. Na revolta desses estudantes transparecia um pressentimento da recuperação de um horizonte mundial efetivo para os europeus mais jovens do pós-guerra, fundado no espírito de postulados radicais. Novas vanguardas morais e políticas começavam mais uma vez a conceber os problemas do Terceiro Mundo como assuntos de co-responsabilidade européia; ao mesmo tempo, com o despertar da consciência ecológica, surgiu um motivo para se conquistar o mundo mediante a percepção dos perigos globais que o ameaçam.

Sem dúvida, os anos 1970 e 1980 trouxeram uma nítida mudança de geração na Europa, e com ele o absurdo fez-se ouvir em um novo tom. A transição do existencialismo para o consumismo alçou os europeus a um novo patamar – no qual eles até hoje se mantêm – de sua onipresente futilidade pós-guerra.[4] Em muitos deles a convivência com a ameaça nuclear crônica desenvolveu ao extremo o sentimento de desvalorização de todas as coisas. Paga-se um alto preço por uma geração inteira crescendo sob a ameaça perpétua de destruição total mútua assegurada, e ainda estão por ser medidas as profundezas em que mergulharam os sedimentos psicológicos da guerra fria. Todos os que viveram naqueles anos permanecerão impregnados pelo niilismo nuclear até o fim de suas vidas, e desses sintomas faz parte a sensação de que o tempo, no fundo, não tem mais nenhum valor – ele não conduz a nada além do mesmo desesperador; assim é bom que passe sem deixar rastros. O passado colapsou e reduziu-se a um ponto sem dimensão. As semanas, mal as deixamos para trás, tornam-se réstias de vapor que rapidamente se desfazem. Os anos são sacos de lixo levados embora depois da noite de São Silvestre. Nunca antes, ao que parece, o tempo recém-vivido foi tão fútil e sem dignidade

---

4. Que esses fenômenos durante a guerra fria não ficaram limitados à Europa mas tiveram sua contrapartida também nos Estados Unidos foi mostrado de forma muito eficaz pelo crítico de arte e poeta norte-americano Peter Schjedahl em seu ensaio *The Hydrogen Jukebox, Selected Writings*, editado por Malin Wilson, Berkeley e Los Angeles, 1991, sobretudo no ensaio-título, p. 1-8, no qual ele indica o terror nuclear do pós-guerra como pressuposto para o amplamente difundido efeito "*no-future-no-past*" das gerações narcisistas-niilistas de artistas.

como neste último decênio da ausência européia. No Velho Mundo sem projetos e impulsionado apenas pelo ritmo da inovação industrial, o conceito de dejeto estendeu-se até mesmo à célula vital do tempo, o presente. Como conseqüência, foi possível observar, a partir dos anos 1980, um novo *Zeitgeist* [espírito de tempo] tomando forma palpável. É um espírito de aniquilação do tempo, pelo qual a falta de seriedade foi erigida em estilo de vida, e a desconcretização do mundo, em teorema. Lá onde até o novo é um simulacro, o próprio presente aparece como coisa de museu. Esse *Zeitgeist* também está impregnado de um sentimento de instabilidade, embora não mais aquela instabilidade que dera impulso ao absurdismo do final dos anos 1940 e 1950. O que se apossou dos europeus foi uma instabilidade de coloração alterada, uma instabilidade que se manifesta na obrigação de manter a compostura quando em queda livre e preservar a aparência de que tudo está em ordem mesmo quando se pressente que o fim está próximo. Em uma palavra, o esteticismo da jovem Europa camuflou o absurdismo clássico. A palavra-chave do final do século XX não é *escolher*, mas *vivenciar*. Não mais ocorre aos europeus a escolha não-fundamentada de si mesmos, como nos turvos anos do pós-guerra; hoje a grande oportunidade está no consumo não-fundamentado de si mesmos. Sentimos o espaço vazio escancarar-se a nosso redor e todas as instituições como que erguidas sobre areia movediça, mas não porque, como após o massacre europeu, os mortos pareçam estar em maioria. Ficamos inseguros porque as listas de opções que se apresentam por toda parte nos deixam aturdidos. Que tipo de vida devemos experimentar? Que vôo reservar? Sentimo-nos desamparados porque temos de escolher entre quatorze tipos de molhos. O mundo é um cardápio, o que se espera é uma escolha, não o desespero. Esse é o fundamento da condição pósmoderna. Você só tem esta vida, portanto devore-se e não deixe sobrar nada de você, os restos vão para o saco plástico preto. Estamos à deriva no oceano dos apetites; a sede de vivenciar quebrou os limites do mundo. É verdade que os últimos conservadores – sejam eles estóicos, católicos ou prussianos – preservaram alguns resíduos de uma crença antiquada no espírito das missões sérias e das tarefas objetivas; mas a maioria há tempos se converteu à descrente Internacional dos Consumidores – para glosar uma observação de Ernest Gellner, historiador inglês da cultura.[5] Em sua qualidade de consumidor, o europeu do fim do século XX apercebe-se de que está situado no vazio; está condenado não mais à liberdade, mas à frivolidade. Frívolo é aquele que, sem um funda-

---

5. Cf. Ernest Gellner, "Aus den Ruinen des Großen Wettstreits. Bürgerliche Gesellschaft, Nationalismus und Islam", *Merkur*, v. 521, agosto de 1992, p. 656.

mento sério na natureza das coisas, deve decidir-se por isto ou aquilo: é o verde-claro, e não o carmesim; o *teriyaki* de salmão, e não o *carré-mouton*; são as Seychelles, e não Acapulco; Naomi, e não Vanessa; os Bad Boys, e não Depeche Mode; Jeff Koons, e não Markus Lüpertz; os carrões da Honda, e não da BMW; Long Island, e não Bogenhausen.* Tudo é feito com a plena consciência de que poderia perfeitamente bem ser o contrário. Estética: a comédia da preferência. Saber que se vai morrer e reunir forças para não vestir seda e sim trajar refinadamente um simples algodão listrado – isso exige grandeza, e é justamente isso que os membros da geração mais jovem de consumidores europeus possuem de forma discreta. Em momentos de lucidez as pessoas se assustam com a própria capacidade de escolher. Só que essa mais nova faculdade de escolha não se enraíza tanto – como supunham os formidáveis vitalistas seguindo Nietzsche – em uma vontade de poder altamente energética, mas emerge de pequenas e instáveis diferenças de tensão. Seria possível denominá-la "princípio regulador da vontade de diversão", se por diversão entend ermos o princípio de descarga das menores e mínimas quantidades de tensão transportadas. É verdade que o que aqui se

---

* Jeff Koons, artista plástico americano nascido em 1955; Markus Lüpertz, artista plástico alemão nascido em 1941; Bogenhausen é um distrito da alta burguesia em Munique. (N.T.)

denomina "vontade de diversão" não é mais nenhuma expressão de uma vontade no sentido usual. Na cultura da diversão, a figura de pessoas capazes de querer tornou-se obsoleta. A diversão não é e não tem nenhum princípio que se leve a sério; em seu cerne não há nada que perdure como fundamento. Poder abandonar posições: é disso que dependem os novos súditos europeus da diversão. A frivolidade é o fluido de uma situação mundial na qual a massa principal dos comportamentos cotidianos se justifica com base na diversão, isto é, em uma tênue diferença nos mais ínfimos declives. Seria possível acrescentar, generalizando, que o sistema da frivolidade repousa sobre uma lei do mínimo fundamento suficiente. Escolhas, caprichos, preferências devem bastar para dar às particularidades um assento na existência. Com a nova metafísica do consumo evaporaram-se as pessoas sérias de antigamente. Poderíamos ser tentados a acreditar que, numa perspectiva filosófica, adentramos uma ordem de fundamentos tênues. E assim a era da metafísica européia clássica – que expressara a velha crença de que somente fundamentos fortes, reunidos em um fundamento absoluto, são suficientes para estabelecer realidade –, cujos boatos de morte já corriam há um século, só hoje chega efetivamente a seu fim.

Se traçamos aqui um breve arco do existencialismo pós-1945 até o esteticismo da cultura da vivência, da diversão e do simulacro do final dos anos 1980 e início dos 90, é porque ambos representam pólos típicos da ideologia da letargia européia. Ainda que essas doutrinas tenham produzido fortes ressonâncias nas Américas do Norte e do Sul, e em outras regiões do mundo modernizado, cada uma delas, contudo, reflete à sua maneira antes de tudo o vazio psicopolítico e o aprisionamento na tenaz européia da época da guerra fria. No século XXI as pessoas irão admirar-se de quão avidamente os intelectuais norte-americanos importaram as ilusões de letargia de seu protetorado europeu. De fato, por meio século, a filosofia européia, generosamente auxiliada pela literatura e artes plásticas, projetou imagens do mundo para pessoas ausentes, desprovidas de um mundo e perdidas em signos estéreis.

3

Conjunto de máximos:
a fórmula da intensidade neo-européia

Para as cabeças políticas do pós-guerra, as filosofias típicas do pós-guerra não podiam ser suficientes. Nem o incenso do antigo Ocidente nem a embriaguez existencialista de absurda lucidez correspondiam às necessidades dos homens públicos de Paris, Londres, Bonn e Roma; menos ainda o vitalismo niilista das artes plásticas que agora, sem referência ao passado ou futuro, se apresentam continuamente como atuais e últimas. Para os políticos realistas do vácuo, o que se devia fazer, portanto, era criar um *modus vivendi* politicamente praticável para a época que se seguiu à perda do centro. Isso só poderia conduzir inicialmente a uma política das reivindicações limitadas, mas não de todo esquecidas. Só hoje, após o afrouxamento do aperto exercido pelas superpotências, estão os europeus em condições de levantar, com um renovado comprometimento, a questão das marcas forjadoras da identidade ocidental.

O que vemos agora, ao lançar os olhos para trás? Uma obstinada suspensão em uma semi-realidade chega ao fim, e com ela uma era de ambições reduzidas e responsabilidades mitigadas, um tempo de *understatements* e de uma espera por ninguém-sabe-realmente-o-quê. Se folhearmos os relatos correntes da história do mundo após 1945, chama a atenção a unanimidade com que historiadores de todas as colorações políticas constatam que o descentramento da Europa foi o grande resultado do período das guerras mundiais. Tem-se até mesmo a impressão de perceber em muitos autores um alívio em face da constatação de que os centros de gravidade da História deslocaram-se do Velho Mundo para a América do Norte e Rússia, lugares em que estão posicionadas as idéias que movem o mundo e armas que o atemorizam. Um dos líderes da passada "revolução da direita"[1] conservadora alemã, o filósofo e sociólogo Hans Freyer, registrou em 1954: "Acima do sistema mundial dos interesses europeus estende-se desde aproximadamente 1900 o sistema das novas potências mundiais... está em movimento uma história do mundo que não é mais a história do mundo da Europa."[2] E ainda quase no final dos anos 1960 o

---

1. Segundo o título de um texto programático pré-fascista do autor, no ano de 1931.
2. Cf. Hans Freyer, *Weltgeschichte Europas*, 3ª ed., Stuttgart, 1969, p. 606.

longevo Carl Schmitt lançou os olhos para o Extremo Oriente para comentar o efeito mundial dos escritos de Mao Tsé-Tung: "Também isso é um grande exemplo da destituição da Europa do centro do mundo, do fim da era eurocêntrica."[3] Há nessas observações algo não dito e que se pode captar melhor após 1989. Ouve-se hoje a tese, antes calada, de que o estupor europeu e, principalmente, alemão depois de 1945 não podia ser um estado definitivo, e que a fase do encolhimento entre as novas superpotências só pode ter o caráter de uma moratória. Com efeito, os europeus, incluindo os políticos do mais alto escalão, gozaram durante meio século de um tipo de férias das obrigações da grande política. No clima do vazio ideológico, podia ganhar terreno a concepção de que era uma grande virtude européia não ter mais nenhuma noção do mundo como um todo.

Entre as conseqüências positivas, ainda que muito arriscadas, da implosão do Leste europeu em 1989-1990 conta-se a obrigação sob a qual estão hoje os europeus de aprender de novo o texto de seu papel no teatro mundial. Nos futuros ensaios poderá ser útil a lembrança de uma clássica definição filosófico-cultural da Europa, com a qual bloquear-se-á de antemão toda nova tentativa de

---

3. Cf. Joachim Schickel, "Gespräch über den Partisanen", in: *Gespräche mit Carl Schmitt*, Berlim, 1993, p. 19.

uma evasão ilusória rumo à pequenez, ao politicamente inofensivo e à falta de intentos globais. Não me refiro à fórmula do general De Gaulle, que não se cansava de proclamar sua visão de uma Europa "do Atlântico aos Urais" – uma formulação que se tornou notável principalmente porque expressava a recusa de curvar-se à configuração do mundo da guerra fria. Também não estou pensando em uma observação de Carl Friedrich von Weizsäcker, para quem a Europa estender-se-ia de San Francisco a Vladivostok, uma proposição que chama a atenção, pois lembra, num tom descontraído, a atuação continuada do caráter civilizatório mundial do europeísmo. Em vez de definições tão extensivas, eu gostaria de recordar uma passagem das reflexões de Paul Valéry sobre a Europa, escritas em 1922, que acredito oferecerem uma fórmula ainda válida para a dinâmica da modernização européia. O teorema de Valéry fornece uma definição psicopolítica e matemática da Europa enquanto processo e intensidade:

"Por toda parte onde o espírito europeu domina vê-se aparecer o máximo de *necessidades*, o máximo de *trabalho*, o máximo de *capital*, o máximo de *rendimento*, o máximo de *ambição*, o máximo de *poder*, o máximo de *modificação da natureza exterior*, o máximo de *relações* e de *trocas*. Esse conjunto de máximos é a Europa, ou a imagem da Europa. Por outro lado, as condições dessa formação e dessa desigualdade espantosa reportam-se evidentemente à qualidade dos indivíduos, à qualidade média do *homo europæus*. É notável que o homem da Europa não possa ser definido nem pela raça, nem pela língua, nem pelos costumes, mas pelos desejos e pela amplitude da vontade..."[4]

Com essa fórmula de intensidade diante dos olhos, será mais fácil no futuro manter uma distância do discurso da ideologia do vácuo. A Europa moderna só pode entender a si mesma como oficina primordial de uma política de máximos: enquanto tal, a Europa permanece sendo a mãe da modernidade. Se apreendermos a "essência da Europa" circunscrita por Valéry – na medida em que ela se manifestou no processo da permanente revolução capitalista e cultural do século XVII ao XX – efetivamente como a auto-satisfação dinâmica da fórmula de maximização aqui originalmente forjada, então o ominoso "retorno" da Europa torna-se quase óbvio. Uma Europa continuamente malsucedida é que seria antes um prodígio a dar o que pensar. Uma Europa que não seja potência mundial é uma coisa impossível, por razões sistêmicas e – como se mostrará adiante – em razão de seu programa ou dramaturgia

---

4. Paul Valéry, "La crise de l'esprit", in: *Varieté 1*, Paris, 1924, reimpresso em *Varieté 1 et 2*, Paris, 1978, p. 51.

histórica elementar. O princípio de poder mundial já reside enquanto tal na raiz da Europa, e isso é válido de duas formas: do ponto de vista da Europa antiga, como transferência do Império romano para as nações do Noroeste, e do ponto de vista da nova Europa, como sistema do maximalismo econômico, científico e vitalista.

Essa moderna vontade de maximização – ou de combinação de máximos – subjuga naturalmente o mundo como um todo à forma do experimento, e continua fiel à sua tentativa mesmo se o experimentador ficar por um tempo paralisado por efeitos colaterais catastróficos. Nessa medida – e isso pode soar assustador – não foi, "em princípio", prejudicial aos europeus se ao longo de algumas décadas subsistiu a impressão de que o ímpeto do movimento histórico teria definitivamente desenvolvido novos centros de ação no Leste e no Oeste. Se a Europa, como disse von Weizsäcker, estende-se efetivamente de San Francisco até Vladivostok, então é sobretudo porque tanto os Estados Unidos da América como a antiga União Soviética constituem, ambos, ramificações européias; ou, mais precisamente, laboratórios históricos nos quais elementos do maximalismo europeu foram levados até o fim e testados como atalhos concorrentes de otimização. Quanto ao fato de que sobretudo no laboratório norte-americano tenham se produzido resultados que levaram a uma situação particularmente nova de civilização – ultrapassando em muito o *input* europeu –, trata-se de um efeito de que não nos ocuparemos aqui por mais tempo. Vista sob essa perspectiva, a chamada guerra fria foi o mais interno dos assuntos europeus. Presos entre as tenazes nucleares de Moscou e Washington, os europeus, aparentemente passivos e convertidos em reféns, ficaram por quarenta anos assistindo a duas macroexperiências de políticas de risco, nas quais hipóteses genuinamente européias foram levadas ao banco de prova da história mundial. Nesse contexto a guerra fria foi não apenas a verdadeira Terceira Guerra Mundial (a qual, de acordo com a tecnologia bélica nuclear, não poderia, em princípio, desenrolar-se senão como guerra simulada[5]): ela foi ao mesmo tempo e em maior grau a competição entre dois projetos de intensificação, ambos os quais, na estrutura profunda, foram submetidos aos mesmos preceitos probatórios. Só por isso pôde haver aqui um perdedor sem uma batalha militar decisiva, uma novidade impensável, sob outras premissas, na história

---

5. Quanto à tese de que corrida armamentista já teria sido de fato a Terceira Guerra Mundial, veja-se o artigo de Georg Kohler "Krieg, Politik und Markt – Kants Versprechen. Überlegungen am Ende einer großen Konkurrenz", in: Wolfgang Müller-Funk (org.), *Die berechnende Vernunft. Über das Ökonomische in allen Lebenslagen*, Viena, 1993, p. 57-80.

dos impérios. Por trás da corrida armamentista da era bipolar travou-se uma competição mais profunda sobre o valor da própria vida – um macroexperimento político-econômico-psicológico de competição entre modos de viver, de produzir e de gozar; uma competição que, nos acontecimentos de 1989, foi decidida provisório-definitivamente em favor do *way of life* liberal-capitalista anglo-americano. O significado histórico de Mikhail Gorbachev mostra-se no fato de que ele ainda não se considerava (como Ieltsin) chefe de Estado de uma nova Grande Rússia, mas sim como o último herdeiro legítimo de Lênin; nessa condição ele conduziu o experimento político de risco do socialismo-comunismo; ao desempenhar esse papel, teve de extrair, diante do mundo todo, as conseqüências necessárias do fracasso desse macroexperimento; e só após a conclusão do relatório final de um projeto malsucedido, do qual o mundo *todo* tirou lições, os políticos pós-leninistas tiveram a permissão e o dever de subir ao palco para promover novos interesses nacionais ou uma nova concepção de Grande Rússia. A rescisão hesitante, mas pacífica, de Gorbachev do projeto soviético pode ser interpretada como uma prova de que, em última análise, o experimento do comunismo estava, sim, submetido a regras falibilistas e fazia parte, portanto, ainda que de modo problemático, do projeto dos modernos, diferentemente dos regimes fascistas do centro e sul da Europa, que traziam em seu cerne traços de uma paradoxal revolta contra a modernidade. A União Soviética em ruínas tem hoje o aspecto de um laboratório devastado, no qual uma série de experiências (responsáveis por um número insuportável de vítimas) com a idéia européia da intensificação ilimitada do poder e da vida foi interrompida – interrompida, é verdade, unicamente com a expectativa de ser substituída tão rápido quanto possível por outra estratégia de maximização que prometa melhores resultados.

Em vista dessas constatações, é completamente equivocada a suposição de que a Europa, em algum sentido essencial, possa ter-se retirado. O europeísmo, considerado no contexto global, está mais poderoso e atual do que nunca. E, quando a história factual volta presentemente os olhos para o continente-mãe da modernidade, vê-se que o programa de auto-intensificação européia[6] prossegue funcionando com grandes resultados também em seus velhos países-núcleos. Poderia surgir a impressão de que os reveses de 1914 a 1945 teriam sido apenas arranhões, mas não refutações, do princípio fundamental. Talvez

---

6. Sobre essa expressão, cf. Peter Sloterdijk, "Die Mobilisierung des Planeten aus dem Geist der Selbstintensivierung", in: *Eurotaoismus. Zur Kritik der politischen Kinetik*, Frankfurt, 1989, p. 30-54.

desempenhe um papel na frivolidade neo-européia o motivo de que as gerações atuais devam trabalhar e gozar como se tivessem de atuar como substitutas das gerações perdidas. Sob muitos aspectos, o vácuo pós-1945 ofereceu condições ideais para radicalizar ainda mais o experimento político europeu de risco, principalmente na Alemanha, onde o recomeço pôde realizar-se num contexto tipicamente ideal de despojamento. A bem-sucedida integração dos alemães ocidentais ao complexo do Atlântico Norte forneceu uma prova de que o europeísmo como experimento da intensificação incondicionada do poder e da vida representa, por ora, o sistema de todos os sistemas.

4

Translatio Imperii:
a transferência de poder como mitomotricidade européia

Por várias razões, a formulação há pouco oferecida da "essência da Europa" provocará em muitos surpresa e resistência. Não apenas intelectuais do Velho Mundo já concordaram há algum tempo com a idéia de que a Europa é um quebra-cabeça sem solução – indefinível e ultracomplexo, uma obra de arte total feita só de fragmentações, mas também vários historiadores desistiram, em vista dos minguados resultados positivos, da busca de um critério de europeidade. Assim, os ideólogos da variedade e da mistura que hoje dão o tom andam ao redor de um complexo de acasos chamado Europa, em que tudo, inclusive o nome, dissolve-se, quando observado mais de perto, em um novelo de imprecisões e diferenças. E esse agnosticismo, por sua vez, faz parte, sem dúvida, da era da letargia que agora se encerra –, e, apenas enquanto a ideologia do vácuo mantiver seu poder propagandístico, doutrinas do derrotismo cognitivo em questões de identidade européia poderão esperar uma aprovação mais ampla. Enquanto isso, até mesmo a estupidez pode posar como engenhosa e causar impressão com a fórmula vazia de que a Europa só deve ser pensada como "a unidade de suas diferenças", ou como "conjunto de suas contradições". Na verdade, tais discursos demonstram apenas que esse extraordinário subcontinente continua aceitando suas opiniões sobre si mesmo da boca de doutorandos e comentaristas estrangeiros. Em meio à sucção da ideologia do vácuo, as orientações políticas são substituídas por caprichosas problemáticas de difusão de identidade. São muitos os que tiram proveito do vácuo, entre eles artistas de baixa categoria, que, com fórmulas vazias de louvor da diversidade e da alteridade, pretendem prolongar o período de devaneio europeu.

Na verdade, a questão sobre a essência da Europa não é nem misteriosa nem irrespondível. Deparamos com a resposta no mesmo instante em que deixamos de lado as pesquisas estéreis sobre os verdadeiros limites e as características étnicas originais da Europa. Pois a Europa não tem nem uma base étnica substantiva, nem sólidos limites a Leste e Sudeste, nem uma inequívoca identidade religiosa.

Ela tem, porém, uma "forma"¹ típica e um impulso dramático peculiar que se desenvolve em cenas inconfundíveis ao longo da maior parte de sua história. Basta assumirmos a perspectiva de um dramaturgo para reconhecermos claramente os contornos do espetáculo europeu. Não se deve perguntar quem pertence, e com base em quais critérios e tradições, à Europa "propriamente dita", mas sim: Quais são as cenas protagonizadas pelos europeus em seus momentos historicamente decisivos? Quais são suas idéias motrizes, ou as ilusões que os põem em atividade? Como a Europa alcançou o dinamismo de sua história e o que a mantém em marcha? O que ameaça fazer naufragar seu poder e unidade? As respostas a essas questões estão em qualquer bom livro de história.

A função formadora quintessencial da Europa consiste em um mecanismo de transmissão imperial. A Europa põe-se em marcha e mantém-se em movimento à medida que tem sucesso em reivindicar, reencenar e transformar o Império que havia antes dela – a saber, o Império romano. A Europa é, conseqüentemente, um teatro de metamorfoses imperiais;

---

1. Uma convincente proposta para a determinação da "forma" européia foi apresentada pelo filósofo francês Rémi Brague: "Europe: tous les chemins passent par Rome", in *Esprit*, fev. 1993, p. 33-40. Ver, do mesmo autor, *Europe. La Voie romaine*, Paris, 1992.

a idéia condutora de sua imaginação política é uma espécie de reencarnação do Império romano que perpassa sucessivamente povos europeus modelares e historicamente aptos a recebê-lo, muitos dos quais declararam, em seu apogeu, a crença de serem os escolhidos para reeditar as idéias romanas de dominação mundial. Poder-se-ia dizer, portanto, que a essência da Europa é seu engajamento em uma *commedia dell'arte* imperialista que se estende por milênios. As potências européias modelares empreenderam sempre novas arrancadas para reencenar um Império que continua dominando sua fantasia política como um paradigma indestrutível. Assim se poderia dizer de forma direta que um europeu é aquele que se envolve em uma transferência do Império. Isso vale particularmente para alemães, austríacos, espanhóis, ingleses e franceses e, em alguns aspectos, também para italianos e russos. Portanto, a expressão *translatio Imperii* não é uma simples idéia fixa medieval, ela não significa apenas a figura de direito público que permitiu aos imperadores da Saxônia, após a coroação de Oto I em 962, pôr em prática seu programa de dominação; mas constitui nada menos que a célula ideomotriz ou mitomotriz[2] de todos os

---

2. A expressão "mitomotricidade" (*Mythomotorik*) foi introduzida, salvo engano, por Jan Assmann na discussão sobre os fundamentos das ciências humanas. Ver J. A., *Das kulturelle Gedächtnis. Schrift, Erinnerung und politische Identität in den frühen*

processos culturais, políticos e psicossociais que produziram a europeização da Europa. De início, cultura e política seguem, nesse assunto, a mesma direção, definindo a Europa como a região na qual pessoas cultas podem compreender a língua dos romanos. Para as esferas teológica, filosófica, literária e diplomática, a fórmula da unidade européia na latinidade[3] é correta *cum grano salis* até o século XVII. O fato de uma língua morta não desaparecer, mas continuar em vigor como idioma internacional, mostra o tipo de poder com que lidam os espíritos do Império. O âmbito do processo de transmissão vai dos papas e bispos dos séculos VI e VII – para os quais, com o prestígio do local, foram transferidos os restos simbólicos da decaída eminência romana – até os tratados de Roma e de Maastricht de 1957 e 1991, que prometem oferecer aos europeus ocidentais do ano 2000 um império mínimo caracterizado pelo livre comércio e consumo desenfreado. Há mil e quinhentos anos a Europa é uma procissão conduzindo para lá e para cá as insígnias de um poderio inesquecível. Nesse cortejo viajam epopéias

---

Hochkulturen, Munique, 1992. Com o conceito de mitomotricidade, isto é, o impulso por meio de histórias formadoras ou fundadoras de identidade, o autor consegue tornar plausível a coerência de antigas culturas nacionais como, por exemplo, a egípcia, a judaica ou a grega, ao longo de uma grande sucessão de gerações.

3. Cf. Ernst Robert Curtius, *Europäische Literatur und lateinisches Mittelalter*, Berna, 1948.

e altares atravessando as nações: quem é europeu é desde sempre também um trasladador.

Quanto ao poderio e à unidade da Europa, o que os ameaça é, antes de mais nada, a circunstância de que, ao se realizar a transmissão do Império, vários transmissores entraram em competição uns com os outros, com o resultado de que diferenças dinásticas, territoriais e nacionais sempre levaram a melhor sobre os impulsos unificadores de um centro. Por isso a Europa está desde o início situada sobre um plano inclinado – como que deslizando fatidicamente da imagem ideal de uma coesão imperial efetiva para o que é, de fato, uma associação multiimperial de povos cindida em si mesma. Desde que os carolíngios inauguraram sua mitomotricidade específica, a idéia de Europa também contém um fator dramático de auto-obstaculização e cisão o qual beira a automutilação.

Ora, o Império dos Césares – cuja apropriação e transmissão é a matéria da qual se formam os sonhos políticos dos europeus – foi, por sua natureza e estrutura, uma criação irrepetível; já seus contemporâneos, desde os dias de Virgílio e do imperador Augusto, viam-no como um *singulare tantum* cósmico; ele possuía as características de um Império do Centro – que abrangia dentro de si, como mundo civilizado, toda a área habitada do Mediterrâneo – transfigurado por sua história sempre assombrosa de êxitos e sobrelevado por sua gloriosa teologia política.⁴ Quando Carlos Magno, no ano 800, recebeu em Roma a coroa imperial do Santo Império Romano, aceitou que um transmissor mais antigo das dignidades imperiais romanas, o papa Leão III, lhe passasse, sob insígnias cristãs, a herança de um antigo carisma. A idéia vaga de "herdar" um império sagrado adquiriu desde então, e até o começo da época moderna, um brilho sacrossanto – e ainda no início do século XX estavam vívidas nos sonhos das massas alemãs e austríacas tantas centelhas do antigo resplendor que demagogos puderam encontrar ali material apropriado para abusos.⁵ Não se deve esquecer, contudo, que a outorga do Império pelo papa aos carolíngios já representava um pesado gesto de usurpação imperial, pois o legítimo portador de todos os títulos romanos na época – e ainda por muitos séculos depois – residia na verdade em Bizâncio. Carlos Magno sem dúvida guiara-se pela tradição romana, mais precisamente romano-ocidental, pois na ocasião só ela estava em condições de consolidar o programa de uma potência extensa e sacralizada

---

4. Cf. Fritz Taeger, *Charisma. Studien zur Geschichte des antiken Herrscherkults*, Stuttgart, 1957-60, 2 vols.
5. Cf. Ernst Bloch, "Zur Originalgeschichte des Dritten Reiches" (1935) in: do mesmo autor, *Erbschaft dieser Zeit*, Frankfurt, 1979.

no Noroeste europeu. Nada do que, naquela época, germânicos ou celtas pudessem pensar de si mesmos podia competir com a dignidade imperial romana. Não foi sem razão, portanto, que os títulos e a terminologia do Império romano sobreviveram na "Europa Central" até sua liquidação em 1806, pelo recém-coroado *empereur* Napoleão I. Com as modernas tentativas de tornar plural esse *sacrum Imperium* singular, emergiram os impérios neo-europeus auto-sacralizados e sumamente ímpios, cuja competição causou a catástrofe da Europa no século XX. A tão enfatizada invenção européia dos Estados nacionais após a Revolução Francesa relaciona-se essencialmente com a fragmentação do Império uno em uma multidão de novos impérios. Por volta de 1900 a Europa era uma arena cheia de nações, que, todas elas, faziam o papel de aves de rapina: belgas, alemães, ingleses, franceses, holandeses, italianos, portugueses, russos e espanhóis acreditavam, com alguma seriedade, que sua fortuna política dependia de inscreverem seus nomes no maior pedaço possível do globo. O nacionalismo europeu representou o pluralidade do imperialismo – sob seu efeito a Europa teve de pulverizar-se em nações, à maneira de seitas – freqüentemente chamadas de culturas – da moderna teologia política. Como, porém, a Europa é demasiado pequena para abrigar lado a lado e de forma durável tantos impérios ofensivos, não foi senão uma conseqüência natural que as porfias nacional-imperiais das principais nações européias degenerassem nas denominadas guerras mundiais.

O fato de que, em ambas as grandes guerras dos europeus, as intervenções dos Estados Unidos da América tenham sido decisivas – é verdade que isso ocorreu mais claramente em 1945 que em 1918 –, mostra que também os americanos já haviam então sido imbuídos de mitomotricidade européia. Isso não deveria nos espantar muito: o país que desde o século XIX tinha seu governo instalado em um capitólio ultrapassara seus modelos europeus como o mais jovem intermediário da *translatio Imperii*. A arquitetura classicista de Washington D.C., planejada no século XVIII pelo urbanista francês L'Enfant e ampliada apenas no século XX, representa um programa de características singularmente neo-romanas. Pois o que se transferiu para os Estados Unidos não foi apenas o Império; junto emigraram também seus símbolos triunfais, tanto sagrados como profanos: a cúpula de São Pedro em Roma reaparece em 1863 sobre o edifício do governo americano; o pedestal do Memorial a Lincoln de 1922 ostenta em toda a inocência as insígnias do poder executivo romano, o *fasces*, aquele feixe de varas que, segundo se ensinava aos ginasianos europeus, era portado pelos litores – um tipo de escolta policial dos cônsules romanos. E quem não perceberá que a imagem de litores faz parte desde 1917 do perfil da política exterior norte-americana? De fato, a ascensão da América do Norte em detrimento da Inglaterra e da Europa é um assunto de família para os epígonos dos romanos. Mas o que não dá margem a nenhuma dúvida é o fato de que, com a transmissão do Império para os americanos, permaneceu intacta a "forma" dramatúrgica da Europa. Ao contemplar o Império americano, a Europa contempla a imagem exterior de sua própria essência. Não é só após 1918 que a atitude de não poder e não querer entender marca o relacionamento da Europa continental com seus sucessores no teatro atlântico de transferência.

As transferências dos carismas romanos na alta Idade Média para Aachen, Frankfurt e Viena inaugurou a seqüência de apropriações do Império nas quais se realizou a verdadeira eurogênese. Por ocasião da incursão européia pelo globo na era das navegações oceânicas, o ímpeto imperial, acompanhado de novas reivindicações, passou primeiramente ao *Commonwealth*[6] católico dos espanhóis; a ele seguiu-se o excêntrico domínio mundial dos britânicos. Com seu êxito, Londres tornou-se o centro de um

---

6. Segundo a caracterização do império da Casa da Áustria dada por Alexander Randa, *Das Weltreich* (ver nota 3, p. 14, *supra*).

império que distribuía privilégios reais a aventureiros, comerciantes e mercadores de escravos, o primeiro dos quais, *sir* John Hawkins, muito famoso pelo seu bom coração, começou a negociar com negros africanos em 1562 – utilizando, aliás, um navio chamado Jesus.[7] Com a transferência do Império para as ilhas britânicas, irrompeu à época da primeira rainha Elizabeth o "efeito Atlântico Norte", que desde então passaria a co-determinar a marcha dos assuntos europeus. Separa-se da terra firme uma "anti-Europa" européia que se percebe quase tão afastada do continente quanto a América do Norte se perceberia mais tarde afastada do Velho Mundo.[8] Contra a supremacia britânica entraram em cena o Primeiro Império francês, após 1804, e o Império dos prussianos e alemães, a partir de 1871 – ambos já nítidas construções do nacional-imperialismo capitalista neo-europeu. Sua dinâmica autodestrutiva manifestou-se até a exaustão no decorrer do

---

7. Cf. Gerd von Paczensky, *Weiße Herrschaft. Eine Geschichte des Kolonialismus*, Frankfurt, 1979.
8. Quando Winston Churchill, em setembro de 1946 na cidade de Zurique, em um discurso cheio de presságios, defendeu os "Estados Unidos da Europa" (EUE), naturalmente não pensou sequer por um instante que a Grã-Bretanha faria parte deles; do ponto de vista do imperialismo insular, as duas outras margens, a americana e a européia, estão quase igualmente distantes. Depois de ter aprendido ao longo de mais de duzentos anos a conviver em relações muito peculiares com os EUA, por que a Inglaterra não faria o mesmo, então, com os EUE?

século XX. Na arrancada de Hitler rumo ao estabelecimento de uma potência mundial formada por uma Grande Alemanha continental, procedeu-se finalmente à fusão de restos inaproveitados do poder imperial austríaco e católico-imperial com fatores altamente virulentos do neo-imperialismo capitalista prussiano-protestante. Do mesmo modo, na edificação do Império soviético após 1917 atuaram os motores de uma transmissão imperial de Roma para Moscou via Bizâncio. Nesse mesmo ano, o presidente norte-americano Woodrow Wilson – numa estrondosa ruptura com a tradição isolacionista de seu país – decidiu que os Estados Unidos aceitariam a herança imperial e levariam sua cruzada à Europa.[9]
É por isso que 1917 é o ano crucial, o ano em que começou a titubear a mitomotricidade européia.

Assim, o fato de que os europeus pareçam ter perdido completamente o fio condutor de sua história após 1945 explica-se em boa medida tendo-se em vista os destinos dos movimentos de transmissão imperial. Por quase meio século, a mitomotricidade européia saiu de cena, e isso não apenas porque as ideologias do vácuo induzissem a buscar refúgio na inocuidade; os europeus fizeram uma pausa em sua

---

9. A descrição que o general Eisenhower faz da missão da América na Segunda Guerra Mundial ainda emprega a mesma expressão: "cruzada na Europa".

política mundial também porque seu mito se deslocou para outros corpos políticos – sobretudo para o superpoderoso Ocidente. Desde que o Império trasladou-se para o outro lado do Atlântico, a Europa se vê obrigada a perguntar em que poderá ainda consistir, no futuro, seu projeto próprio. Decairá, com o passar do tempo, passando a uma "colônia de sua própria utopia", na sucinta e perspicaz observação de Jacques Attali?[10] Ou retomará e transformará seu mito constitutivo, com conseqüências para si mesma e para o mundo?

10. Cf. Jacques Attali, *Europe(s)*, Paris, 1994, p. 9.

5

Do Império à União:
a atual transferência imperial

> O tempo da pequena política está acabado: já o próximo século trará a luta pelo domínio da Terra – a *obrigatoriedade* da grande política.
>
> Friedrich Nietzsche
> *Para além do bem e do mal*, nº 208

A Comunidade Européia (CE) – que nasceu com a Comunidade Européia para o Carvão e o Aço de 1951 e os tratados de Roma de 1957, e que deveria prosseguir seu desenvolvimento em direção a um plano mais elevado de unidade política e econômica com os tratados de Maastricht – não foi a princípio senão uma típica construção da era da letargia. Os políticos da Europa de 1950 estavam condenados, se não à liberdade, certamente a desenvolver sua ação dentro de limites estreitos. Em todo caso, estava claro para eles que, no futuro, deveria se acabar com os imperialismos nacionais em solo europeu, e assim partiram para o que estava mais à mão – para uma cooperação econômica com vagas perspectivas de integração política posterior. A própria escolha das capitais da CE tornou bem visível o embaraço do experimento neo-europeu. A opção por Estrasburgo representou a vitória de uma ideologia do Ocidente que ansiava voltar às fontes da unidade dos francos abençoada pelo catolicismo romano, exatamente como haviam preconizado os ideólogos democratas-cristãos dos anos 50. A maioria dos parlamentares europeus que agora se aborrecem em Estrasburgo e procuram consolo na cozinha alsaciana entendem hoje menos ainda do que ontem que raios eles têm a ver com os ecos carolíngios da era de Schumann e Adenauer; não obstante, agem como zelosos prisioneiros de uma idéia superada. Quanto a Bruxelas, ela já foi desde o início a capital *par excellence* do vácuo. Bruxelas é a garantia da desejada inocuidade da política européia na época do efeito-tenaz; jamais poderia representar qualquer outra coisa que não a capital dos mecanismos de compensação. A antiga cidade dos Habsburgos era um lugar em que a transição tranqüila da política para a administração poderia ser estabelecida sem contraste com o *genius loci*. Para sua sorte, a Bélgica havia se retirado de suas colônias africanas sem danos irreparáveis à própria reputação, e já há muito tempo ninguém mais pergunta qual a relação entre a pomposa arquitetura de Bruxelas e a rapinagem do Congo pelo rei belga Leopoldo II. Como centro de um país pequeno e não demasiadamente comprometido, Bruxelas, com sua mistura de elegância e inofensividade, foi o melhor ponto de reunião para uma Europa que ainda não vislumbrava nenhuma saída para superar seu torpor. Na verdade, o que a Europa precisava depois de sua queda era muito mais de um centro de reabilitação do que de uma capital, e esse centro foi implantado sem embaraços na metrópole belga: rue de la Loi 200, quartel-general de cerca de oito mil chamados eurocratas, que bem poderiam ser denominados euroterapeutas; boa parte do continente foi por eles transformada em uma clínica médica para doenças do aparelho motor. Sua tarefa parece ter sido desenvolver um modo de administrar as fraquezas comuns. Durante as décadas de letargia, eles asseguraram à maioria dos europeus uma existência de progressiva frouxidão em meio a um crescente bem-estar.

A experiência da crise iugoslava encarregou-se de fazer essa primeira comunidade européia perceber a própria vacuidade. Falando sem rodeios, o período de devaneio político da Europa chegou ao fim durante o cerco de Sarajevo. Ao ficarem observando quase impassíveis por dois anos o seccionamento da Bósnia, oscilando entre indiferença e indignação impotente, os europeus ocidentais defrontaram-se com as obscenas conseqüências de sua própria letargia política. A vexação européia no caso da Bósnia apresentou a conta pelas ilusões e acomodamento de toda uma época. Ficou claro quanto custa, em um mundo cheio, ter vivido com ilusões de vazio. Muitos sinais indicam, entretanto, que a vergonhosa refutação da primeira comunidade européia poderia significar o prelúdio de uma nova orientação. Pode ser que depois de 1989 uma nova Europa crie dentes; talvez o relativamente bem-sucedido ultimato de Sarajevo em fevereiro de 1994 tenha sido o primeiro gesto efetivo de uma nova união comum européia, que estaria em condições de fazer algo mais que enviar macas e observadores.

Seja como for, ninguém pode negar que as questões fundamentais da mitomotricidade européia retornam agora ao primeiro plano com inesperada veemência. Produziu-se uma situação, a cada dia mais aflitiva, em que os políticos da Europa não mais conseguirão encontrar uma saída para seu embaraço e paralisia se não procurarem informações histórico-dramatúrgicas e não assumirem claras orientações proféticas. Se o *script* europeu efetivamente atribui aos habitantes desse subcontinente a tarefa de trabalhar em metamorfoses de um império tão irrepetível quanto inesquecível, então estaria obrigatoriamente na hora de investigar o que significa essa tarefa nas condições do século XXI. De qualquer modo, os europeus podem, na virada do milênio, lançar um olhar retrospectivo sobre uns bons duzentos anos de acelerada experimentação com variantes de Império – e não haverão de esquecer sem mais nem menos as duas principais lições dessa época: sua automutilação pelos imperialismos nacionais no período que vai das campanhas napoleônicas até as duas grandes guerras, e sua auto-anestesia pela ideologia do vácuo durante o efeito-tenaz das superpotências da guerra fria. Mas como seria possível à Europa tornar-se a oficina de uma metamorfose imperial adequada aos tempos presentes? Não é verdade que há muito se condena radicalmente que bons europeus pensem em termos de categorias imperiais? Mesmo quando o conceito de império não é trazido à baila de forma afirmativa mas como uma profunda tarefa de translação e transformação? Pode-se afinal conceber alguma mitomotricidade esclarecida para uma Europa posterior ao fim do vácuo? Poderia a expressão nietzschiana de "*obrigatoriedade* da grande política" preencher-se de conteúdos contemporâneos? Será que uma segunda Bruxelas e uma segunda União – após o vexame da Comunidade Européia em seu primeiro teste de competência política na Iugoslávia – poderiam ser levadas a assumir a responsabilidade dessa obrigação de grandeza? Irá uma nova geração de políticos armar-se dos impulsos visionários apropriados à sua nova situação? Aprenderão os europeus, libertos do vácuo e egressos de sua letargia, a novamente "exigir grandeza de si mesmos"¹ – como conviria a seu obrigatório reingresso em um horizonte de desafios cada vez maiores? Essas perguntas já carregam a tensão à qual a imaginação política dos europeus será submetida se estes despertarem sem regredir. Futuramente eles terão uma experiência ativa do poder do destino; seu destino é a exigência de reconstruir sozinhos seu próprio destino. Dado, porém, que eles já são criaturas de um drama antigo, suas novas autoconstruções só podem ser reproduções ou paráfrases do mito eurogênico fundamental. Se ser europeu significa encenar formações imperiais pós-romanas no teatro de improviso da História, então a geração vindoura terá de mostrar novamente qual é sua postura diante do Império. Mesmo a mais nova translação européia do Império irrepetível haverá forçosamente de constituir um capítulo da tortuosa e sobrecarregada história inaugurada há quinze séculos pelos

---

1. Uma nova interpretação dessa fórmula de Nietzsche, modificada por Ortega y Gasset, foi por mim ensaiada no quadro de uma psico-história do pensamento imperial; cf. *Weltfremdheit*, Frankfurt, 1993, p. 376-381, bem como no capítulo "Atletismo estatal" do ensaio *No mesmo barco: ensaio sobre a hiperpolítica*, São Paulo, Estação Liberdade, 1999, p. 31-57. Trata-se aqui de uma megalopsicologia positiva, que discute a diferença entre megalomania e megalopatia. O grande espírito é aquele que explora em si e humaniza o monstruoso da grandeza.

transmissores imperiais da velha Europa: de início os bispos de Roma; a seguir os carolíngios, os otonianos, os Staufers; posteriormente os Habsburgos em suas linhagens austríaca e espanhola; mais tarde as ordens missionárias, os britânicos aventureiros capitalistas e traficantes de escravos, os Bourbons e os czares; e, por fim, os imperadores e usurpadores carismáticos dos tempos modernos: Napoleão I, Guilherme II, Lênin e Hitler.

Diante de um tal pano de fundo, fica claro por que os bons europeus de hoje aprenderam a temer aquilo que lhes é "próprio". Com boas razões, os melhores intelectuais europeus procuram por tradições e procedimentos subversivos, que exponham o alheio no que são eles próprios, o outro neles mesmos. Se a Europa fosse uma mulher... A imaginação política dos europeus só passará mais uma vez à ofensiva se for tomada pelo entusiasmo de inventar uma continuação nova e transfiguradora de sua história, uma continuação que efetue uma correção fundamental em sua tradicional mitomotricidade imperial. A inteligência da Europa enfrenta agora o desafio de reconstruir o mecanismo de seu destino; e desta vez não se trata de um sujeito político da grande Europa Ocidental com sede em Bruxelas, manifestando uma nova pretensão ao Império. Não cabe aos europeus de hoje ou de amanhã representar pela enésima vez o papel dos romanos. Nenhum contemporâneo ajuizado pode ter algum interesse sério em um "Leviatã supranacional"² denominado União Européia. A tarefa que os europeus do presente e do futuro devem enfrentar consiste antes em submeter a uma metamorfose histórica o próprio princípio da grande potência ou do Império. A obrigatoriedade da grande política aparece hoje no desafio de romper o próprio caráter imperial da imagem da grande potência e transformá-la em um participante no cenário de uma futura política interna mundial. A Europa será o seminário onde os homens aprendem a pensar para além do Império. Se essa tarefa tem em si algo de inaudito, então exatamente por isso ela deveria mobilizar a inteligência européia naquilo que são suas melhores qualidades. Surpreender o mundo com o novo, não é isso algo bem europeu? De um ponto de vista exigente, ser europeu significa hoje assumir a revisão do princípio do Império como a maior tarefa tanto da teoria como da prática. "Pensar a Europa"³ significa de fato, como se mostrou, pensar

---

2. É exatamente isso que adverte como inevitável Heleno Saña, em um estudo mal-humorado: *Die Lüge Europa. Ein Kontinent bangt um seine Zukunft*, Hamburgo, 1993, p. 274 e ss.; um livro ao qual, apesar da origem catalã de seu autor, caberia o predicado "peculiarmente alemão".
3. É esse o título do importante texto programático de Edgar Morin: *Europa denken*, Frankfurt, 1991.

em primeiro lugar a mitomotricidade das transferências do Império, mas o fulcro da tarefa intelectual objetiva agora transferir a própria imperialidade para uma macroforma política transimperial ou pós-imperial. Não se trata mais de dar forma a potências neo-européias pela apropriação de modelos da velha Europa (como estava implícito no enganoso simbolismo carolíngio de Estrasburgo e Aachen), mas sim de suprimir o próprio princípio de Império, substituindo-o – em um ato histórico-mundial de criação de forma política – pelo princípio da união de Estados. Como federação multinacional, a Europa deve desenvolver um primeiro modelo bem-sucedido de uma camada intermediária, hoje ausente, entre os Estados nacionais e as organizações do complexo das Nações Unidas. Esse é o tema inevitável de uma futura filosofia política européia, da qual já é possível dizer que só pode concretizar-se como filosofia processual do pós-imperialismo.[4]

---

4. Cf. Harald Müller, *Die Chance der Kooperation. Regime in den internationalen Beziehungen*, Darmstadt, 1993.

6

Continuando a pensar um continente: sobre o problema da política de visões

> A Europa precisa hoje inventar uma nova forma
> de unidade que não a de um império.
>
> Jacques Le Goff
> *Le vieille Europe et la nôtre*

A perspectiva da criação de uma nova forma política para além do Império – além dos Estados nacionais e com os Estados nacionais – deixa claro o seguinte: a política do futuro depende em larga medida de uma modernização da função visionária ou profética da inteligência. Por meio de visões, os homens se colocam, desde o início dos tempos históricos, em uma relação de interdependência cada vez maior. Não existe, por isso, nenhum poder substancial sem tradição de sua visão da grandeza – pois só se torna grande quem consegue enxergar a grandeza. Essa faculdade de ver a grandeza, entretanto, só pode ser aprendida e transmitida mediante um laborioso treinamento; em todos os impérios, seu exercício dá origem a um grupo mais ou menos fechado dos que praticam um atletismo psíquico e lógico, que se liga à geografia política e à estratégia.[1] Daí nascerem nos impérios – com eles e em parte também contra eles[2] –, as religiões e as filosofias que iluminam o horizonte; elas pensam o mundo como um todo composto do manifesto e do oculto, e concebem o poder como uma dádiva dos primórdios. Assim fizeram os romanos desde que Virgílio representou a história dos êxitos de seu Império como história sagrada política. Foi inevitável que a idéia de Virgílio – de que a formação do Império a partir de séculos de êxitos militares romanos deveu-se a uma providência divina – fosse tomada de empréstimo

---

1. Cujos documentos principais são na Europa o diálogo *O político*, de Platão, e a *Ciropédia*, de Xenofonte; na Índia, o *Arthashatra* – cf. Heinrich Zimmer, *Philosophie und Religion Indiens*, Frankfurt, 1973, p. 89-135; na China, a ética imperial confucionista e diversos manuais de estratégia, como o famoso escrito de Sun Tsu, que data de aproximadamente 330 a.C.; cf. Jean Lévi, *Les fonctionnaires divins. Politique, despotisme et mystique en Chine ancienne*, Paris, 1989.
2. A mais importante interpretação antiimperial do mundo produzida pela Antigüidade aparece nos escritos apocalípticos judaicos, que continuam sendo até o presente uma fonte de inspiração dos movimentos de libertários e críticos do imperialismo. Cf. Richard Faber, *Politische Idyllik. Zur sozialen Mythologie Arkadiens*, Stuttgart, 1977. Desde que Agostinho definiu a cidade terrena como uma organização relativamente ímpia, os cristãos encontram na Igreja uma forma que, embora não abertamente antiimperial, é entretanto uma instituição que por princípio, ainda que nem sempre de fato, mantém-se distanciada das organizações de impérios e Estados.

pelos subseqüentes impérios europeus universais e regionais; e é esse fato que nos permite considerar Virgílio um "pai do Ocidente". A mitomotricidade européia assimilou, com a idéia política de forma imperial dos romanos, também uma inclinação para a teologia política do êxito imperial. O que se diz aqui é que no Império, e só nele, o egoísmo é sagrado. É somente porque a história de êxitos que conduziu à formação do Império não pode reduzir-se a um simples lance de dados ao acaso, ou à cobiça e ao crime, que o *sacrum Imperium* projeta a aura de algo que merece ser incondicionalmente imitado. Toda metafísica mais antiga aferrava-se à convicção de que nada se realiza e subsiste sem que esteja credenciado pelos poderes primordiais. A metafísica política da velha imperialidade sempre pretendeu que a partir de uma história de êxitos generalizados também resplandeça uma história da verdade.

Estava na natureza do roteiro histórico dos europeus que eles deviam buscar transmitir, com o Império, também formas específicas da santificação imperial. Se até o limiar dos tempos modernos os soberanos dos impérios e os reis das nações se descreviam como portadores oficiais da graça divina, faziam-no em total acordo com o espírito de uma teologia política do êxito do Estado que remonta ininterruptamente aos romanos. Tendo então se livrado de seus reis, os povos modernos também tomaram deles imediatamente o gesto de colocar sua pretensão ao poder sob a égide de signos sagrados. Aos reis-sóis sucedem-se na Europa os povos-sóis. Proclamando-se nações com a graça de Deus, lançam-se, tão ávidos quanto conscientes, aos mais distantes continentes; e são incapazes de distinguir sua ambição da crença de serem os eleitos para determinada missão. O gesto típico da Europa moderna – freqüentemente discutido sob o ilusório título de nacionalismo – foi esse expansionismo maníaco derivado da crença de terem sido escolhidos para assumir os direitos de dominação mundial. Fantasias de pertencer aos eleitos são o material constitutivo dos imperialismos nacionais europeus. Sem a crença de pertencerem a um povo escolhido, nem os britânicos e espanhóis, nem os franceses e alemães, nem mesmo os belgas teriam conseguido levar a cabo suas missões, tencionadas ou reais, nas frentes imperiais e coloniais. Para toda política imperial e maníaca, é fundamental que seus representantes vejam a seu lado o Deus das vitórias. E não seria despropositada a idéia de que os europeus, desde Colombo, estão motivados não apenas pelas transferências do Império mas, em maior grau ainda, pelas transferências do título de um povo escolhido. Eles se comportam como se tivessem sido tomados, após a Reforma, pelo zelo invejoso de arrancar dos judeus o privilégio teológico. Determinadas passagens da história européia mais recente apareceriam consideravelmente mais nítidas se atribuíssemos aos povos paradigmáticos e ativos a ambição de provar que eram eles, na verdade, de longe os melhores judeus. Dentre todos esses mistérios já quase esquecidos da política maníaca, não há nada de que uma Europa "a caminho do retorno" e ampliada possa apropriar-se diretamente. Os sistemas políticos modernos têm de pensar seus resultados sem escorá-los no além. Exceto uma ínfima minoria de tomistas, nenhum europeu inteligente será hoje capaz de reconhecer a escrita de uma instância divina nas instituições dos Estados nacionais da Europa Ocidental e de sua superestrutura em Bruxelas. Além disso, uma nova União Européia convertida em potência mundial não encontraria seu Virgílio. A mera glorificação do poderio bem-sucedido não poderia mais produzir nenhum super-Estado europeu. É certo, porém, que uma política moderna e secular para a Europa deve ser capaz de estipular qual a visão de grandeza que se pretende fazer valer para si mesma. Ela deve estar em condições de dizer em que consistem os méritos que fundamentam seu direito aos sucessos no século vindouro.

Se a Europa despertar, serão imediatamente superadas as escoras da era do vácuo – e isso significa sobretudo a Comunidade Européia dos tratados de Roma com seus desdobramentos até o Tratado de Maastricht – em direção a uma Europa realista e, conseqüentemente, de um formato mais amplo. Se a Europa despertar, rapidamente chegará ao fim a absurda e desalentada imitação dos Estados Unidos da América pelos Estados Unidos da Europa de tipo Estrasburgo-Bruxelas; mais do que isso, as pessoas reconhecerão nessa idéia inerme e desde o início equivocada a característica política fundamental do período de letargia, e a abandonarão como um sintoma neurótico que se tornou inútil. Se a Europa despertar, o eixo Paris-Bonn não mais representará o alto capitalismo carolíngio da velha Comunidade Européia; em seu lugar, um novo eixo Berlim-Bruxelas-Paris tornar-se-ia uma linha de força em torno da qual progressivamente se cristalizaria uma federação macroeuropéia de países, ou uma federação de federações.[3] Se a Europa despertar, haverá uma nova contagem de seus possíveis Estados-membros, que poderiam, em vez dos doze atuais, ou dos dezesseis de 1995*, chegar efetivamente a 26

---

3. O tema de uma união de Estados federativos ou federação de federações (Federação do Sudoeste, Federação Báltica, Federação da Europa Central, Federação Balcânica, Federação Eslava do Norte) foi trazido à discussão por Edgar Morin, cf. *Europa denken* (v. nota 1, p. 18, *supra*) p. 219.

* Aos doze países membros em 1994, ano em que foi escrito este livro, juntaram-se Áustria, Finlândia e Suécia em janeiro de 1995, perfazendo os atuais quinze membros (e não dezesseis, pois a Noruega rejeitou a adesão em referendo). [N.T.]

– se a lista proposta pelo diplomata alemão Hans Arnold estiver corretamente elaborada.[4] Com isso, fica claro no que consiste a última e a mais atual translação européia. A subalterna cópia neocarolíngia dos Estados Unidos da América pelos políticos europeus de 1957, que agora finalmente também querem criar seus Estados Unidos, perdeu seu sentido com os acontecimentos de 1989. Se quisermos dizer algo em seu favor, concederemos que

4. A lista de Arnold compreende os seguintes 26 "povos do tipo que, segundo toda experiência, poderiam formar Estados nacionais": alemães, austríacos, belgas, britânicos, checos, dinamarqueses, eslovacos, espanhóis, estonianos, finlandeses, franceses, gregos, holandeses, húngaros, irlandeses, islandeses, italianos, letões, lituanos, luxemburgueses, malteses, noruegueses, poloneses, portugueses, suecos e suíços. Cf. Hans Arnold, *Europa am Ende. Die Auflösung von EG und NATO*, Munique, 1993, p. 38. De resto, a formulação de Arnold "da Europa para a Europa" – isto é, da Europa provisória da Comunidade Européia para a Grande Europa ou Europa Real no fim da cisão – corresponde em sua direção geral à crítica aqui desenvolvida do período do devaneio europeu. Sob diversos aspectos, a lista relativamente abrangente, embora conservadora, de Arnold vem também ao encontro das visões de Jacques Attali, que opta por uma Europa ainda maior – uma união continental. "Nesse caso, certamente a Europa não deveria se conceber como uma agremiação cristã, mas como uma região sem limites, da Irlanda à Turquia, de Portugal à Rússia, da Albânia à Suécia; ela deveria privilegiar culturalmente os nômades em relação aos sedentários, a liberalidade em relação à autolimitação, a tolerância em relação à identidade, em suma, a multifiliação frente à exclusão. Os debates há pouco abertos sobre a ingerência humanitária, sobre o direito de voto aos estrangeiros, a cidadania e o direito de asilo preparam o caminho para essas transformações." J. A., *Europe(s)*, Paris, 1994, p. 196-197.

ela foi útil como um par de muletas à época do devaneio. É tempo agora, contudo, de dispensar esses estorvantes apoios. Só assim Bruxelas poderia se aprumar e tornar-se foco de uma outra Europa – uma Europa que enfrenta de cabeça erguida as oportunidades do momento mundial. Mas esse é um gesto ao qual só estará disposto um continente que acredite que sua imaginação política seja capaz de um tão grandioso ato de criação institucional.

Se a Europa despertar, terá alcançado a façanha de produzir, sob sua própria direção e em debate público, a visão pela qual deve ser conduzida e impulsionada – e então agir segundo essa visão, como se esse novo motivo autoconstituído tivesse tanto poder de liberar forças aceleradoras quanto uma velha missão há muito encarnada. Se os europeus se puserem em movimento, terão de motivar-se de forma quase hipnótica para o que têm de fazer. Só por intermédio deles sua mitomotricidade pode ainda atuar de uma forma esclarecida, como que à luz do dia. Ninguém sonhou por eles de antemão o que têm de exigir de si mesmos no futuro. As elites americanas e japonesas vêm-se deixando levar até agora, e continuarão assim no futuro, pelas correntes vigorosas de um antigo entusiasmo imperial e pela intacta convicção de terem sido escolhidos. Para os europeus, porém, quase tudo o que haveria a fazer de novo e grandioso teria de ser alcançado em oposição a um ceticismo historicamente adquirido. A grandiosidade cansa, já o sabemos há muito tempo – e as palavras grandiosas sempre soam falsas. Albert Camus, em sua época, chegou a dizer que o mal secreto da Europa é que ela não ama mais a vida. Por isso temos hoje razão ao afirmar que a política de uma visão européia significa a política da própria Europa. A política como tal assume a clara marca da auto-hipnose, ou da auto-sugestão racional. No fundo, a situação da Europa assemelha-se à de uma grande empresa que se vê obrigada a superar sua falta de entusiasmo valendo-se de técnicas de identidade corporativa. De fato, especialistas em consultoria têm descoberto métodos pelos quais se pode infundir entusiasmo empresarial em estabelecimentos exauridos, e mostraram inúmeras vezes que é possível, mesmo para empresas muito desacreditadas, sobrepujar a própria fadiga. Com essa finalidade eles desenvolveram procedimentos de psicodrama para conseguir chegar aos motores emocionais desembreados dos funcionários e levá-los, por meio do convencimento, a novos picos de potência.[5] Uma promessa comparável pode ser feita para a política de visão européia pós-1989: os europeus entediados com a Europa terão, eles mesmos, de

---

5. Cf. Andrew Campbell, Marion Devine, David Young, *A Sense of Mission*, 1990. O exemplo principal dos autores é o lançamento de uma nova meta empresarial para a British Airways.

inventar – com o auxílio de apropriados treinadores para a Europa, para não dizer artistas para a Europa – a visão que os impelirá rumo à Europa que têm em mente. Ao treinar sua visão, eles engendram simultaneamente a si mesmos, suas novas formas políticas e seu futuro no mundo, e nesse sentido poder-se-ia dizer que hoje o projeto – como projeto de visão – é o destino. Isso torna claro o que significa modernizar a função profética: profeta é aquele que desperta para um sonho que ele próprio gerou. Compreendemos paulatinamente que sonhar lúcido é, desde o início, a principal função da cultura política. Os mitomotores capazes de dar o impulso necessário aos europeus, no caminho de sua translação decisiva do Império para uma união continental macroeuropéia de Estados, devem ser construídos como sonhos lúcidos, por engenheiros políticos, pelos projetistas da visão européia, e desenvolvidos até se tornarem uma experiência internalizada pelas novas gerações. Recordações de Carlos Magno e seus imitadores não ajudarão em nada.

Em um ponto, entretanto, a auto-estimulação dos europeus por meio de novas auto-representações visionárias avança muito além da psicologia empresarial capitalista do treinamento em identidade corporativa. Mesmo como união econômica e macrorregião de mercado, uma união macroeuropéia é mais que uma firma supradimensional. O nome

Europa designa uma região do mundo na qual se perguntou de maneira inconfundivelmente peculiar pelo que há de verdadeiro e de bom na vida humana. Mesmo nos tempos modernos os europeus não podem abandonar por inteiro a crença de que o direito ao sucesso duradouro cabe somente aos povos justos e humanamente dignos. Não é por acaso que em seus conceitos de ciência, democracia, direitos humanos e arte expressa-se algo de sua idéia característica de verdade. Esses conceitos enfeixam-se no desafio europeu à aptidão para criar formas de vida que valorizem o homem como um ser radicalmente fecundo e capaz de grandeza. É nesse desafio, pelo qual os bons europeus medem a si próprios, que reside o foco imemorial da paixão européia. Somente onde esse desafio se manifesta podem os europeus almejar seus êxitos de maneira duradoura e valorizá-los continuamente. Só então escapam de sua fadiga e seu niilismo. Ser capaz de desejar êxitos significa saber-se movido por uma verdade que resiste às depressões. Depois de quinze séculos de experimentação com os mais variados ascetismos, devoções, nostalgias, investigações e esforços, os europeus sabem – ou pensam saber – que nunca condiz com o homem ser pobre, deserdado e vencido. Quando estão conscientes disso, são capazes dos máximos esforços. Quando esquecem esse saber, ficam mais perdidos e apáticos que quaisquer outros povos sobre a Terra. Conseqüentemente, quando se esforçam, os europeus também se rebelam contra a miséria. Sonham com as artes com um *páthos* que só eles possuem – uma vez que a arte, como garantia da sinceridade das criações, representa para eles o grande antídoto contra todas as tentações da miséria. Mais que quaisquer outros, sofrem com a miséria de não ver diante de si nenhum projeto contra a miséria. Os desesperos europeus são por isso mesmo mais perigosos que os de membros de outras culturas. Com razão a Europa foi denominada a mãe das revoluções; uma definição mais profunda designaria a Europa como o coração das revoltas contra o sofrimento humano.[6]

Tão logo a Europa venha a despertar, as questões sobre a verdade retornarão à grande política. Os sucessos da Europa dependem a longo prazo da capacidade dos europeus de acreditar que é justo que tenham sucesso. Uma chave da justiça de seu sucesso foi empunhada por eles diante do mundo todo, na formulação que deram aos direitos humanos.

---

6. O ponto de máxima aproximação da Europa a uma teoria afirmativa do homem como um ser sofredor encontra-se no Livro 19 da *Cidade de Deus,* de Agostinho (423), e no tratado *De humanae conditionis miseria,* de Lotario di Segni, posteriormente papa Inocêncio III (1198). Mas pode-se afirmar que a cultura da maioria dos europeus, na proporção em que se formou pelo impulso da Renascença e do Iluminismo, tem uma orientação antiagostiniana e antiinocenciana – em suma, antimiserabilística.

Aos novos tempos deve corresponder uma nova expressão do significado desses direitos. A idéia mais profunda da Europa é que se deve resistir ao desprezo, e a insuperabilidade desse pensamento funda-se no fato de que ele continua válido igualmente para indivíduos cansados e vencidos. Portanto, a translação final de Império na Europa deve dar forma política a essa negação do desprezo humano inerente a todos os imperialismos. A justiça da Europa é sua grande declaração sobre os homens; sua injustiça foi, e ainda é, ter excluído a maioria deles da esfera dos que são propriamente os melhores. Por isso ela também se tornou, não só no século XX, mas desde o início da globalização, o coração de um cinismo histórico-global. Habituados havia séculos às opções imperiais pela injustiça nua e crua, muitos povos europeus amadureceram para o fascismo – pois o que é o fascismo senão o ativismo do desprezo? Sua forma atual é o culto do sucesso dissociado da verdade, o qual, também depois de 1945, se manteve virulento por toda parte sob formas mais propriamente nãopolíticas.

Hoje a inteligência européia deve a si mesma um exemplo de que é possível uma política em grande escala para além do Império e para além do desprezo imperialista. A supremacia de Bruxelas sobre a Grande Europa tem de decidir se quer embarcar em um imperialismo mais ou menos explícito, sobretudo sob o impacto de insidiosos cenários que profetizam uma guerra mundial econômica entre Estados Unidos, Japão e Europa – bem como uma guerra mundial de infiltração do Sul contra o Norte –, ou se vai entender que sua melhor oportunidade reside em uma transferência do Império para um não-Império, uma nova união de unidades políticas. Se ela se decidir por um novo Império, perderá o resto de sua alma e se condenará, nas próximas três gerações, à decadência advinda do desleixo. A mera aliança imperial de ambição e cinismo não permitirá a nenhuma cultura moderna perdurar sequer por cem anos.

Só a recusa de qualquer tipo de desprezo daria a uma nova Europa o longo alento da verdade que sustenta as mais íntimas pretensões ao êxito. E certamente não se pode negar que a Europa, se despertar, estará voltando a si às vésperas de uma época de tempestades. Os contemporâneos que olham para o futuro podem sentir-se como se folheassem um catálogo de misérias anunciadas. Eles poderiam recobrar o ânimo com as palavras do herói marítimo português e circunavegador Vasco da Gama, que exclamou para sua tripulação desesperada diante de um furacão no oceano Índico:

"Avante, meus filhos, o mar estremece diante de vós!" A nova política começa, para nós, com a arte de criar palavras que, a bordo da realidade, permitam descortinar o horizonte.

Posfácio

Quem escolhe o ensaio como gênero literário segue freqüentemente a idéia de que a forma livre permitiria ao autor pôr-se, de modo privilegiado, em contato imediato com os problemas. Mas isso não nos impede de reconhecer que só pode haver ensaios na tradição do ensaio. Desejo registrar os estímulos que recebi da leitura do livro de Rémi Bragues *Europe. La Voie romaine*, Paris, 1992 (ed. alemã: *Europa. Eine exzentrische Identität*, Frankfurt / Nova Iorque, 1993), e do estudo de Jean-Christophe Rufin *L'empire et les nouveaux barbares*, Paris, 1991 (ed. alemã: *Das Reich und die neuen Barbaren*, Berlim, 1993).

P. S.

Entrevista inédita de Peter Sloterdijk
a Michael Klonovsky*

Professor Sloterdijk, que acontecimento de 2001 o senhor considera mais importante: o atentado de 11 de setembro ou o primeiro clone humano de seis células um mês depois?

Os dois acontecimentos, encarados isoladamente, não me parecem muito importantes, pois nenhum deles representa uma cesura. Ambos se enquadram em seqüências de acontecimentos semelhantes e se distinguem dos anteriores e posteriores apenas pelo fato de terem causado uma reação violenta de histeria de massa. Se eles tiverem importância, ela deve ser procurada por via indireta, usando-os como oportunidade para examinar mais detidamente os mecanismos da histerização.

Isso significa que terrorismo e avanço científico já são fatos consumados na história mundial, e que em 2001 não ocorreu um salto qualitativo?

---
* Michael Klonovsky é chefe de redação da revista alemã *Focus*. A tradução da entrevista é de Flávio Quintiliano.

Os experimentos com a herança genética humana se inserem na evolução da biologia moderna, e os atentados em Nova Iorque e Washington são parte integrante de uma longa seqüência de operações de hostilidade aos EUA em todo o mundo. Ambos os fenômenos podem ser descritos de maneira mais ou menos linear, pois derivam de suas premissas de forma contínua, sem que se possa identificar um salto. Algumas pessoas acreditam que tenha ocorrido uma intervenção vertical do mal na história, mas isso é bobagem. Tudo o que aconteceu tem seu lugar em histórias contínuas, enquadra-se em cenários sem segredo e está sujeito às leis de ação e reação. O único aspecto interessante do ataque de 11 de setembro é que ele levou os norte-americanos a abrirem mais o jogo. Agora, eles assumem seu unilateralismo sem reservas. Com isso, apartam-se de maneira mais perceptível que antes do processo civilizatório do poder. Desde 1945, e mais ainda desde 1990, o abrandamento da síndrome do vencedor e o cultivo de uma arte do bom perdedor estão na ordem do dia.

Mostra-me um bom perdedor, e eu te mostrarei um fracassado, dizem os norte-americanos.

Exato. Os EUA ainda vivem inteiramente sob um código cultural baseado nas noções de heroísmo e crença na vitória. Eles cultivam o decoro da vitória e do triunfo sem limites. Por isso, não conseguem inscrever em sua agenda a lição que a história da civilização impõe agora: o surgimento de uma cultura que teria incorporado a sabedoria da derrota. Esta é a verdadeira mensagem do ataque de 11 de setembro: a lição do Vietnã parece extinta e o triunfalismo voltou. Os EUA parecem a anos-luz de distância da transição para um pós-imperialismo autêntico.

O senhor realmente considera possível apresentar-se como bom perdedor diante de culturas organizadas, até certo ponto baseadas em atavismos, tal como a islâmica?

A meu ver, as culturas islâmicas não representam um problema real; são interessantes apenas em sua reação de perdedor convulsivo, mas não têm muito a oferecer além de petróleo e fúria. É verdade que o Ocidente atraiu para si o ódio de algumas organizações de retaliação islâmicas, pois concebeu para seus países o papel de eternos perdedores. Mas não se pode afirmar que a cultura ocidental tenha encontrado aqui um adversário vagamente à sua altura. A fragilidade do mundo árabe é uma das constantes mais indiscutíveis do futuro. O atual mundo islâmico não tem nem sabedoria imperial nem capacidade imperial imanente. O conflito fundamental do século XXI se dará inevitavelmente entre Europa e EUA, e mais ainda, entre EUA e China. A Europa e a

China são os reservatórios das autênticas culturas imperiais do planeta. Mais cedo ou mais tarde, vão intervir no desafio para redefinir as regras do jogo da chamada globalização. Os EUA, que querem poupar vidas, perderiam *a priori* uma guerra contra a China disposta ao sacrifício.

Os norte-americanos estão dirigindo uma cruzada contra o inimigo errado?

Acredito que sim. Eles o fazem, entre outros motivos, porque aquele incrível Huntington vendeu a velha e boa guerra européia contra os turcos sob nova embalagem, sem que os norte-americanos se dessem conta de nada. Nós, europeus, fomos de fato confrontados, desde o século XVII até a Primeira Guerra Mundial, com aquilo que se chamou "questão oriental" — isso num momento em que o Islã tomava impulso em direção a um império próprio. O império osmanli permaneceu um episódio isolado, mas em sua época gerou uma frente de combate autêntica entre Ocidente e Oriente. Se agora os norte-americanos se acreditam herdeiros desse conflito, é apenas porque seu estilo de vida baseado no consumo intensivo depende da região mais rica em petróleo do mundo.

E o apoio de Israel?

É um elemento complicador com lógica própria. Na minha opinião, ele se baseia num *script* político-ideológico segundo o qual os EUA são o povo eleito de plantão, repetindo o padrão histórico de outro povo eleito. A atitude israelense do "jamais voltar a perder" caminha lado a lado com a atitude norte-americana de "sempre ter de vencer". Aqui, as motivações políticas se entrelaçam profundamente no imaginário. A noção de "povo eleito" é a matéria de que são feitas as missões. Se amanhã surgisse uma nova tecnologia que acabasse com a dependência de petróleo da civilização ocidental, o embate das civilizações desapareceria da noite para o dia. Vamos supor que daqui a vinte anos seja possível fabricar energia a partir de água ou areia — nos cem anos seguintes, não ouviríamos nenhuma palavra a respeito do Islã. A guerra fantasmagórica dos EUA com os radicais de Harvard sairia de cena...

... para dar lugar a que conflito fundamental?

Inevitavelmente, o que se segue então é o triplo conflito entre Europa, EUA e China, ou seja, os centros mundiais nos quais se pode refletir adequadamente sobre a única oposição substancial de nosso tempo, entre as formas imperiais e pós-imperiais de cultura política. Caso a Rússia, a médio prazo, volte a tomar pé em termos econômicos e geopolíticos, poderia surgir daí um conflito quádruplo. Nesse palco, acho eu, os europeus confusos de hoje mais uma vez mostrarão seu peso, pois percorreram um trecho mais extenso que seus rivais no caminho para um *modus vivendi* pós-imperial. Eles são a prova de que se pode lidar com questões cada vez maiores sem que isso tenha de ocorrer necessariamente como uma superpotência heróica do antigo tipo imperial, fazendo tilintar as armas. Os europeus de hoje já vivem de maneira pós-heróica e pós-imperial, embora ainda tenham a grandeza em mira. Acho que este será o tema fundamental do século XXI: até que ponto as grandes idéias sobre questões políticas e econômicas globais são compatíveis com uma administração mundial pós-heróica? A resposta da Europa é a de uma fragilidade inteligente.

O 11 de setembro e o primeiro clone humano são acontecimentos importantes apenas porque parecem maiores do que são, contemplados pela lente de aumento dos meios de comunicação?

Certamente. Mas os meios de comunicação estão condenados ao exagero. Eles travam uma batalha permanente pela soberania no ar, no que diz respeito aos temas de sua respectiva área de atuação, e só têm perspectivas de sucesso por meio de campanhas duradouras baseadas no exagero. Isso ocorre como se tapetes de bombas informáticas fossem atirados continuamente sobre a população — um ataque que costuma ser definido pelo eufemismo de "esclarecimento".

Pelo que o senhor está dizendo, os meios de comunicação seriam cúmplices do terrorismo. Qualquer terrorista pode contar com eles.
 Concordo plenamente. O terrorismo parte hoje do princípio de que a política nunca conseguirá impor de novo o *Arcanum imperii*, o segredo de Estado. As sociedades democráticas tampouco podem se calar sobre coisas que, em determinados momentos, seria melhor manter em silêncio. Nem mesmo os EUA podem garantir que os horrores da guerra serão mantidos em segredo.

Só a imprensa de uma ditadura seria capaz disso.
 O terrorismo contemporâneo é uma guerra de atmosfera baseada nos meios de comunicação. Cada atentado num mercado de aldeia é ampliado pelo noticiário até se converter num ataque contra todo o país informado. Por isso, o ato terrorista visa sempre o fortalecimento por meio da publicidade. O efeito principal das bombas se passa no noticiário.

O senhor quer dizer que as notícias servem para atiçar o fogo?
 Uma metáfora adequada. Ao mesmo tempo, também é preciso levar em conta um fator trágico, pois mesmo que a imprensa compreendesse seu papel nesses mecanismos fatais, provavelmente teria que continuar agindo dessa maneira. O único método com

alguma chance de sucesso no combate ao terrorismo, a ausência de noticiário, não é compatível com o consenso de transparência das sociedades abertas do Ocidente.

Portanto, os meios de comunicação também são reféns do terrorismo.
É verdade, pois a informação é uma indústria baseada na concorrência, na qual ninguém, mesmo que quisesse, poderia se abster da competição pelo prêmio da notícia apavorante.

O senhor conhece alguma alternativa para isso?
Sim, como acabo de dizer, o único método de combate ao terrorismo consiste em desconectar os canais de incentivo ao terror. A terapia teria de ser o silenciamento sistemático. Ela mostraria ao remetente da bomba que sua notícia assustadora não pode mais ser enviada, pois os canais foram desativados. Seria uma espécie de jejum sagrado para a sociedade intoxicada pelos meios de comunicação. Enquanto os canais estiverem abertos, as mensagens perniciosas passarão sem obstáculos e sempre surtirão efeito. Mas admito a impossibilidade de um tratamento radical, e assim recomendo ao invés disso uma dieta redutora. Tendo em vista a periculosidade de epidemias de sentimentos políticos, acho que o abrandamento da histeria coletiva já seria um

progresso. De modo geral, acredito que o ataque de 11 de setembro e o início da Primeira Guerra Mundial em agosto de 1914 têm relação entre si, pois em ambos os casos trata-se de efeitos da psicologia de massas que levaram a mobilizações.

Em sua opinião, os ensinamentos dos europeus nas duas guerras mundiais, que eles no fundo perderam coletivamente, significam hoje uma vantagem diante dos EUA?

Sim. Nós vivemos nosso 11 de setembro em agosto de 1914. Esta lição perdura num nível muito profundo. O entusiasmo da guerra, o chamado às armas, a aglomeração heróica, a repartição do mundo em bons e maus, a certeza de ter razão até a morte — todas essas vivências foram assimiladas até o fim. Desde 1945, primitivismos desse tipo, condicionados à guerra, já não são mais possíveis para os europeus. Tipologicamente, os tiros de Sarajevo e as torres que vieram abaixo em Nova Iorque estão relacionados. Numa cultura obcecada pelos cultos da vitória no estilo greco-romano, a reação a tais incidentes está sujeita a um programa rígido. Mas, com base na experiência adquirida, nós, europeus, tivemos que arquivar o complexo heróico greco-romano. Nossa síndrome de guerreiros romanos está liquidada. Semeamos toda a Europa com cemitérios de soldados e monumentos em memória das vítimas. Em nenhum lugar se vê um altar do triunfo. Este é o atual estágio da cultura. Mas os EUA são nada mais nada menos que uma rede de pódios para a celebração do triunfo.

Voltando à possível conexão entre os dois acontecimentos: na estrutura de motivação das pessoas que dirigiram esses aviões, pode ter havido também o desejo de atacar um mundo no qual é possível clonar seres humanos?

Não acredito que esses jovens suicidas pensassem tão longe. Eles queriam agredir um mundo ao qual devotam ódio, pois é um mundo que vence demais. Proporcionaram uma festa a seu próprio partido, infligindo uma derrota pesada aos EUA. Com certeza, existe ressentimento por parte dos agressores, mas não especialmente contra a moderna biotecnologia, e sim contra a fórmula de sucesso do Ocidente em geral: a associação irritante entre o liberalismo marcante do estilo pessoal de vida e avanços enormes na economia e na tecnologia. Isso desperta a fúria dos menos favorecidos. Por isso, a Al Qaeda regride ao culto da guerra e do martírio, os dois únicos domínios em que eles superam o Ocidente.

Como o senhor acha que a Al Qaeda teria reagido se os EUA se comportassem como bons perdedores?

Eles teriam feito o que faz todo vencedor primitivo: teriam seguido o roteiro dos primatas, exultando e celebrando. No entanto, pode-se supor que o mundo árabe como um todo, junto com o resto do mundo, a longo prazo não se deixaria mais impressionar se os EUA encarassem o 11 de setembro como uma irritação de caráter secundário, ou se tirassem dele uma lição político-espiritual, concluindo que a era da retaliação imperial terminou. Essa atitude seria digna de uma superpotência militar e cultural. Mas o que acontece na realidade é o contrário: o código do comportamento heróico se impõe de forma cada vez mais massiva, o orçamento da Defesa nos EUA vai para o espaço, o unilateralismo deixa cair a máscara, a violência tenta fazer as vezes de uma sabedoria para a qual não existe alternativa. Os verdadeiros sinais dos tempos vêm agora da Europa, onde as pessoas se distanciaram com clareza espantosa dos argumentos tolos sobre um "eixo do mal", e da China, que deu a entender aos norte-americanos que não cederia nem mesmo a uma chantagem nuclear. Podemos adivinhar nessas reações o cenário dos conflitos civilizatórios de amanhã.

**Outras obras de
Peter Sloterdijk editadas no Brasil**

A árvore mágica. O surgimento da psicanálise no ano de 1785, tentativa épica com relação à filosofia da psicologia. Trad. Andrea J. H. Fairman. Rio de Janeiro: Casa Maria Editorial, 1988.

Mobilização copernicana e desarmamento ptolomaico. Trad. Heidrun Krieger Olinto. Rio de Janeiro: Tempo Brasileiro, 1992.

No mesmo barco. Ensaio sobre a hiperpolítica. Trad. Claudia Cavalcanti. São Paulo: Estação Liberdade, 1999.

Regras para o parque humano. Uma resposta à carta de Heidegger sobre o humanismo. Trad. José Oscar de Almeida Marques. São Paulo: Estação Liberdade, 2000.

O desprezo das massas. Ensaio sobre lutas culturais na sociedade moderna. Trad. Claudia Cavalcanti. São Paulo: Estação Liberdade, 2002.

ESTE LIVRO FOI COMPOSTO EM ADOBE
GARAMOND 13 POR 17 E IMPRESSO SOBRE
PAPEL OFF-SET 90 g/m² NAS OFICINAS DA
BARTIRA GRÁFICA, SÃO BERNARDO DO
CAMPO-SP, EM SETEMBRO DE 2002